Vorbemerkung

Kaum ein anderer Komponist erfreute sich solcher Beliebtheit und wurde zugleich derart missverstanden wie Franz Schubert. So dominierte bis ins 20. Jahrhundert hinein das Bild vom »Liederfürsten und Romanzen-Compositeur«, das Biedermeier-Klischee vom glück- und weinseligen Bohemien, der zum Tanz aufspielte und am nächsten Morgen einsam der bitteren Realität ins Auge sah. Erst in den letzten Jahrzehnten kam man dem Komponisten und Menschen Schubert näher. Dies erschwerte zunächst seine Biografie. Da gibt es keine rauschenden Erfolge, keine dramatischen Kämpfe und kaum eine Liebesgeschichte. Zu registrieren ist eine entbehrungsreiche Jugend in kleinbürgerlicher Enge, später das kurzzeitige, zutiefst unbefriedigende Hilfslehrer-Dasein. Was noch folgt, sind zehn Jahre, die nur dem Komponieren gehören, begleitet von materieller und seelischer Not. Doch ein differenziertes Bild von Schuberts Leben und seiner Persönlichkeit liefern die dürren Fakten am allerwenigsten; man ist genötigt, über sie hinauszugehen. Was den Komponisten vor allem beherrschte und beseelte, war sein einzigartiger Schaffenstrieb. So wuchs innerhalb der kurzen Spanne von siebzehn Jahren das gigantische, rund tausend Stücke umfassende Werk, darunter nicht nur über sechshundert Lieder, sondern auch acht Sinfonien, sechs Messen, elf Klaviersonaten, vierzehn Streich-

2 Schuberts Handschrift: Ausschnitt aus dem Autograph des »Deutschen« in As-Dur

quartette, elf Bühnenwerke (jeweils vollendet) und etliches mehr.

Franz Schubert komponierte nicht für sich, fernab des Weltgeschehens. Zur wichtigsten Inspirationsquelle wurde ihm der Freundeskreis: junge, fortschrittlich gesinnte Intellektuelle, Dichter, Musiker und Maler, die sich mit den brennendsten Problemen ihrer Zeit und auch künstlerischen Fragen auseinandersetzten. Hier, im Rahmen geistvoll-fröhlicher Zusammenkünfte, fühlte sich Schubert frei und ungezwungen. Von hier stammen die zahlreichen literarischen Texte, die später zur Vertonung gelangten. Ausgehend von den hellen, gedankenklaren Ideen der Klassik – vor allem in den Gedichten Goethes und Schillers – fand der Komponist später in seiner »romantischen« Periode zu neuer, individueller Aussage. Positive, dem Leben zugewandte Züge klingen da an, so die Volks- und Naturnähe, die Wärme des Gemüts oder die Poesie des Klanges. Doch daneben stehen Weltschmerz und die Tendenz zu »romantischer Ironie«, jener »einzige Ausweg, welcher der Ehrlichkeit noch übriggeblieben« (Heinrich Heine). Auch in der Sinfonik steht zunächst die Klassik Pate: mit Haydn, Mozart und Beethoven. Dies ändert sich in der ›Unvollendeten‹, die, in düsterem h-Moll stehend, zu den erschütterndsten Bekenntnissen der Sinfonik gehört. Nur kurz darauf, zwei Jahre vor seinem Tode, schrieb Schubert die kraftvolle ›Große C-Dur-Sinfonie‹, ein Werk des inneren Sieges und der Freude, ein Rückgriff auf die Ideale der Klassik. Doch die Musik des Komponisten birgt viel mehr als in Worte zu fassen wäre.

Er hat ja Töne für die feinsten Empfindungen, Gedanken, ja Begebenheiten und Lebenszustände. So tausendgestaltig sich des Menschen Dichten und Trachten bricht, so vielfach die Schubertsche Musik. Was er anschaut mit dem Auge, berührt mit der Hand, verwandelt sich zu Musik …

Robert Schumann

Inhalt

1 Franz Schubert. Ölbild von unbekannter Hand

Kindheit im Himmelpfortgrund.
Der Hofsängerknabe

Vorfahren und Eltern

Die väterlichen Vorfahren Schuberts, zumeist arme mährische Bauern und Holzfäller, sind bis ins 16. Jahrhundert zurückverfolgbar. Schuberts Vater, Franz Theodor, wird 1763 in Neudorf/Nordmähren, einem kleinen Gebirgsdorf in Nähe des Altvaters (Riesengebirge) geboren. Der Ort, 600 Meter hoch gelegen, zählt 42 Häuser mit 250 Bewohnern, die auf steinigem Boden etwas Landwirtschaft betreiben oder sich in den umliegenden dichten Wäldern den kargen Unterhalt verdienen. Bereits Hans, der Großvater Franz Theodors (1678–1760), hatte offenbar als Holzfäller gearbeitet – davon kündet der Besitz eines so genannten »Auenhäuschens«. Daneben könnte er, so die Überlieferung, als Dorfmusikant gewirkt haben. Aus Hans'

3   Die Innenstadt von Wien im Jahr 1785. Kolorierter Kupferstich von Josef Daniel Huber

Nachkommenschaft stammen acht Kinder, darunter Karl (1723–1787), der in die Bauernwirtschaft Möck einheiratet und 1759 den Hof des Schwiegervaters erwirbt. Karl gilt im Ort als der Tüchtigste, der zu bescheidenem Wohlstand gelangt und manche Funktionen innehat, z. B. als Ortsrichter. Möglicherweise kommt auch er mit Musik in Berührung, nämlich beim Militär, als Musiker in der Regimentskapelle. Karl hinterlässt elf Kinder, darunter die Söhne Karl und Franz Theodor – Schuberts Vater. Diese jedoch streben weiter: Karl, noch keine dreißig, gibt die Landwirtschaft auf, um nach Wien zu gehen, wo er Schulmeister an der Karmeliterschule wird. Franz Theodor dagegen nimmt sogleich den höheren Bildungsweg: Zehnjährig besucht er das Jesuitengymnasium in Brünn (heute Tschechien), kommt zurück und wird später Schulgehilfe. Im Jahr 1783, kaum zwanzig, kehrt auch er der Heimat den Rücken und findet beim Bruder in Wien Aufnahme, wiederum als Lehrer. Daneben studiert er an der Universität zwei Semester Philosophie.

Die Kaiserstadt Wien, damals knapp 250 000 Einwohner zählend, gilt – noch vor Berlin – als die größte und schönste unter den deutschsprachigen Städten. Umgeben von den Höhenzügen des Wienerwalds, dem Kahlenberg und dem Leopoldsberg, liegt sie inmitten anmutig bewegter Landschaft, durchzogen vom Donaustrom. Die »Innere Stadt« ist von Mauern umgeben, von denen die Vorstädte in alle Richtungen wachsen. Im Zentrum befindet sich der Stephansdom, dazu kommt die Vielzahl anderer imposanter Bauwerke: die Hofburg mit Hofkirche (Augustinerkirche), die prächtigen, von Lustgärten um-

Karmeliter sind Angehörige eines katholischen Ordens, der im 12. Jahrhundert von Kreuzfahrern gegründet wurde. Sie lebten zurückgezogen, mit einem Glauben, der von Marienfrömmigkeit und Verehrung des Elias geprägt war. 1235 zogen sie nach Europa, wo sie sich der Seelsorge der Bevölkerung zuwandten und später die Lebensführung im Sinne des traditionellen Christentums annahmen. Bis heute spielen der Unterricht (Gründung von Schulen) sowie die Durchführung geistlicher Übungen wie z. B. Meditationen eine wichtige Rolle.

gebenen Adelspaläste der Starhemberg, Lobkowitz, Liechtenstein und Daun-Kinsky, die repräsentativen Bürgerhäuser, das Kärntnertortheater, das Theater an der Wien u. a. Die Bedeutung der Stadt mit ihrem pulsierenden Leben, ihrem Flair scheint auch nach dem Untergang des »Heiligen Römischen Reichs deutscher Nation« ungebrochen. Den Besucher faszinieren die Vielzahl der Wochenmärkte, die reiche Ausstattung der Geschäfte, die stetig vorübereilenden Fuhrwerke und nicht zuletzt die Präsenz einer Polizei, der es gelingt, die »vollkommenste Ruhe und Ordnung in der Stadt und in den Vorstädten« zu halten. Zur Buntheit des Treibens, das sich zur schönen Jahreszeit in den Augarten und den Prater verlagert, tragen auch die vielen Minderheiten des Habsburgerlandes bei: die Tschechen, Mähren, Slowaken, Italiener, Ungarn, Polen, Kroaten, Süddeutschen und Juden.

Doch auch Franz Theodor, der Schulgehilfe, teilt das Schicksal der »Zugewanderten«. Noch wohnt er beim Bruder in Wien, in der Leopoldstadt. Die Fremde der Großstadt macht einsam, und bei Karl kann er auf Dauer nicht bleiben. Möglicherweise streunt er sonntags durch die Vororte, bis nach Lichtenthal und Nußdorf, jedenfalls begegnet er in Lichtenthal einer sieben Jahre älteren Frau: Elisabeth Vietz (1756–1812). Auch ihre Familie ist auf der Suche nach neuer Existenz vom schlesischen Zuckmantel in die Kaiserstadt aufgebrochen. Der Vater, ein Schlossermeister, überlebt die Umsiedlung nicht. Kurz darauf stirbt die Mutter. Die zurückbleibenden drei Geschwister finden dennoch Unterkunft: Elisabeths Bruder wird Weber, die Schwestern verdingen sich als Mägde.

Bräutigam: Franz Schuberth, ein Instruktor, von Neudorf in Mähren gebürtig, Bauerns Sohn, Lichtenthal Nr. i 52, katholisch, 25 Jahr, ledig,
Braut: Elisabeth Vitzin von Zuckmantel in kaysl. Schlesien gebürtig, Schlossermeisters Tochter, Lichtenthal Nr. i 52, katholisch, 28 Jahr, ledig, …

Aus dem Trauungsbuch der Pfarre »Zu den vierzehn Nothelfern«
in der Wiener Vorstadt Lichtenthal, 17. Januar 1785

Die Zeit vergeht, Franz Theodor und Elisabeth kommen sich näher. Beide vereint das gleiche Schicksal. Beide sind Auswanderer, sprechen dieselbe Sprache. Die Zuneigung wächst, und Franz Theodor kommt öfter. Bald darauf ist Elisabeth schwanger. Franz Theodor zaudert, fragt sich, ob er Frau und Kind ernähren kann. Dann endlich, im Januar 1785, findet die Trauung in der Lichtenthaler Pfarrkirche statt. Sieben Wochen später, am 8. März 1785, wird ein buckliger Junge geboren, Ignaz. Zu dritt nun, mit dem Neugeborenen, wohnen die Schuberts bei Elisabeth, in einem winzigen Raum. Doch Franz Theodor ist jung und ehrgeizig, zur Zufriedenheit der Schulbehörde. Bereits im Jahr darauf, Mitte 1786, wird ihm mit bischöflicher Empfehlung das Amt des Volksschullehrers und Schulleiters in der Vorstadt Himmelpfortgrund zugesprochen.

Die aufstrebende Lehrerfamilie

Nach der Geburt des verwachsenen Ignaz vergeht kaum ein Jahr, in dem Elisabeth nicht erneut guter Hoffnung ist. Bis 1801 wird sie 14 Kinder zur Welt bringen, davon neun, die bald wieder sterben. So ist es fast ein Glücksfall, dass das 12. Kind, Franz Peter – geboren am 31. Januar 1797 – überhaupt am Leben bleibt.

Das Milieu, in dem Schubert seine ersten Lebensjahre verbringt, steht in krassem Widerspruch zu den Vorstellungen, die man mit der Kaiserstadt Wien verbindet. Der Himmelpfortgrund, Lichtenthal und die Rossau gehören zu den Vorstädten, die vor allem wirtschaftliche Bedeutung haben. Meist adlige Unternehmer haben hier im 18. Jahr-

Im Jahr 1780, nach dem Tode Maria Theresias, wurde Kaiser **Joseph II.** (1741–1790) zum Alleinherrscher über die habsburgischen Erblande. Außenpolitisch nur wenig erfolgreich, gilt Joseph II. jedoch als einer der Hauptvertreter des »aufgeklärten Absolutismus«. Er führte zahlreiche Reformen in den Bereichen Verwaltung, Wirtschaft, Recht und Sozialwesen durch und strebte den zentral geführten deutschsprachigen Staat an. Joseph II. förderte die Industrie und den Handel, schaffte die Leibeigenschaft auf dem Lande ab und milderte die

hundert Seidenmanufakturen, Spinnereibetriebe, eine Porzellanfabrik, eine Brauerei und eine Ziegelei gegründet; dazu kommen Handwerksbetriebe. Die kleinen Leute wohnen hier: Handwerker, Arbeiter und Tagelöhner. Der Himmelpfortgrund besteht aus rund 90 zweistöckigen, hufeisenförmig gebauten Häusern, die je einen handtuchschmalen dunklen Innenhof umgeben. 3000 Menschen leben hier, 35–40 Bewohner pro Haus. Auch die Schuberts, zwei Erwachsene und fünf Kinder, besitzen nur ein Zimmer mit Küche. Die Luft ist schlecht, besonders im Herbst und Winter, wenn die Fenster geschlossen bleiben, um Heizkosten zu sparen. Die Kinder werden in der Küche geboren, wachsen in beengten Verhältnissen auf. Kein Wunder daher, dass es zu immer neuen Infektionen kommt und die Säuglingssterblichkeit hoch ist.

Die Schule befindet sich im Erdgeschoss; zu unterrichten sind zweihundert Kinder, und der Lohn ist kärglich, denn nur begüterte Eltern bezahlen Schulgeld. Im Jahr 1801, als Franz vier Jahre alt ist, bessert sich die Situation. Die Schuberts ziehen in das nahegelegene kleine Haus »Zum schwarzen Rössel«, das Franz Theodor mit Hilfe des väterlichen Erbes erwirbt. In den unteren Räumen entstehen Klassenzimmer, darüber wohnt die Familie mit bis zu zehn Personen, Schwager und Schwägerin eingerechnet. Doch Franz Theodors Bemühungen zeigen Wirkung. Die Schule hat einen guten Ruf, Hilfslehrer werden eingestellt und immer mehr Kinder kommen zum Unterricht. Nun wachsen auch die Einnahmen, und sogar die Schulbehörde nimmt Kenntnis von der Beflissenheit ihres Untertanen, der ganz im Sinne der Obrigkeit lebt.

Gesetze der Zensur. Darüber
hinaus ließ er neue Schulen und
Krankenhäuser bauen, sicherte
(christlichen) Nichtkatholiken
Toleranz zu u. v. m.

Das neue Jahrhundert hält Einzug, und Franz Theodor, der mittlerweile Ende dreißig ist, steht im Zenit seiner Laufbahn. Die Dominanz des strengen Lehrers und Vaters ist allgegenwärtig: in der Schule, in der Familie. Der Vater legt den Stundenplan, den Tagesablauf fest, führt die Familienchronik. Die patriarchalische Ehe verläuft nach außen hin mustergültig. Auch die Kinder – vier Söhne und ein Mädchen – gehen in seine Schule. Von ihnen lässt sich Franz Theodor mit »Sie« anreden, und sein Namenstag, der auch der seines Kaisers ist, wird pomphaft gefeiert. Ignaz' (spätere) Glossierung zu dieser Feier, bei der sich die älteren der Schulkinder zu versammeln hatten, lautet wie folgt: »Eine kleine Predigt wurde abgehalten, wo es unter anderm ein paarmal hieß, dass man das Gute vom Bösen wohl unterscheiden lernen müsse, und das man dem mühsamen Lehrer viel Dank schuldig sei. ... Zuletzt wurde gesungen und sämtlichen Anwesenden eine Reliquie des Heiligen (Franziskus, M. K.) zu küssen gegeben, wobei ich bemerkte, dass mehrere Erwachsene zur Tür hinausschlichen, die vielleicht nicht Lust haben mochten, dieser Gnade teilhaftig zu werden ...«

4 Der Vater: Franz Theodor
Schubert. Ölgemälde von Karl
Schubert

Frühe Kindheit. Die große Begabung

Die ersten Lebensjahre Schuberts liegen weitgehend im Dunkeln. Es ist anzunehmen, dass sich Franz dem Vater unterordnen muss. Den Gegenpol bildet die Mutter, eine stille, sensible und von allen Familienmitgliedern geliebte Frau. Mehrfach erlebt Franz den Tod von Geschwistern mit – ein Ereignis, das sein späteres Schaffen mitprägen wird. Doch als Jüngster erfährt er viel Zuwendung. Die Mutter liebt ihn innig, und auch der Vater zeigt sich zunächst milder, toleranter. Sicher ist jedoch, dass er seine Kindheit kaum ausleben kann. In der Familienchronik Franz Theodors heißt es: »In seinem fünften Lebensjahr bereitete ich ihn zum Elementarunterricht vor, und in seinem sechsten Jahr ließ ich ihn die Schule besuchen ...«

Franz' Geschwister sind die Brüder Ignaz, Ferdinand und Karl und eine Schwester, Therese. Ignaz (gest. 1844), Schulgehilfe und später Nachfolger des Vaters, ist schon erwachsen, als er dem Achtjährigen Klavierunterricht gibt. Befremdet zeigt sich der Ältere, als ihm Franz offenbart, dass er seines »ferneren Unterrichtes nicht mehr bedürfe ...«, doch im Ganzen ist das Verhältnis harmonisch. Franz achtet ihn später als Sympathisanten der Aufklärung und Republikaner; Ignaz dagegen, das »elende Schullasttier«, wird den Jüngsten bald aufrichtig bewundern. Ferdinand (1794–1859) ist der Vertrauteste unter den Brüdern, immer hilfsbereit und von ausgeglichenem, vermittelndem Charakter. Auch er schlägt die Lehrerlaufbahn ein, wird 1816 Lehrer am k. k. Waisenhaus und später Schuldirektor. Daneben betätigt er sich als Leiter eines Kirchenchors. Und schließlich Karl

Schuberts Geschwister:

Ignaz: 1785–1844	Joseph: 1793–1798
Elisabeth: 1786–1788	Ferdinand: 1794–1859
Karl: 1787–1788	Karl: 1795–1855
Franziska: geb. u. gest. 1788	Aloysia: geb. u. gest. 1799
Magdalena: 1789–1792	Theresia: 1801– nach 1878
Franz Karl: geb. u. gest. 1790	Hinzu kommen fünf Halbge-
Anna Carolina: 1791–?	schwister aus der zweiten Ehe
Peter: 1792–1793	Franz Theodors (1813) mit
	Anna Kleyenböck

(1795–1855), der Zeichen- und Schönschreiblehrer, der auch Landschaftsbilder malt. Er nimmt Franz zu Wanderungen mit und macht ihn auf manche Details in der Natur aufmerksam.

Die musikalische Ausbildung Schuberts beginnt relativ spät, mit acht Jahren. Doch schon zuvor, berichtet Therese, zieht es den Bruder zu einer unweit gelegenen Klavier-Werkstatt, wo er den Bau der Instrumente verfolgt und kleine Melodien ausprobiert.

Musik spielt im Leben eines Wiener Schulmeisters eine große Rolle. Auch Franz Theodor musiziert mit den Söhnen im Streichquartett, mit Vorliebe klassische Quartette, z. B. Bearbeitungen von Haydn. Franz wächst so ganz mit Musik auf, zwischen Noten und Instrumenten, und verfolgt immer aufmerksamer das Spiel der Älteren. Mit dreizehn Jahren komponiert er sein erstes Quartett, dem bis 1816 zehn weitere folgen. Dem Vater ist die Begabung des Jüngsten natürlich willkommen. Er gibt ihm Violinunterricht und vermittelt Kenntnisse in Musiktheorie. Später wird Franz zum Chorregenten und musikalischen Leiter der Pfarrkirche Lichtenthal, Michael Holzer, geschickt. Der Unterricht in Gesang, Orgel und Generalbassspiel ist hier kostenlos; dafür hilft der Zehnjährige bei Aufführungen als Chorist und Geiger im Orchester.

In der Kirche werden auch kleine Messen aufgeführt, vorzugsweise von Joseph und Michael Haydn. Schubert, der eine hübsche Sopranstimme hat, darf manche Solopartie übernehmen. Holzer, dem bewusst wird, dass hier eine starke Begabung vorliegt, vertieft den Unterricht immer mehr. Doch bald muss er dem Vater gestehen: »Wenn

Das klassische Streichquartett
Die Ausprägung des klassischen Streichquartetts durch Joseph Haydn (1781/82) führte in Wien zu einem großen Aufschwung des Quartettspiels. Während in den Adelshäusern meist Berufsmusiker auftraten, musizierte das aufstrebende Bürgertum selbst. In Wien nahm das Interesse derart zu, dass bald zahlreiche Stücke, darunter Bearbeitungen von Orchestermusik und Ausschnitte beliebter Opern, verkauft wurden. Zwischen 1800 und 1828 erschienen über 400 Werke von rund 50 Komponisten.

ich ihm was Neues beibringen wollte, so wusste er es immer schon; oft habe ich ihn stillschweigend angeschaut.« Franz' Fortschritte und seine außergewöhnlichen Fähigkeiten können nun auch dem Vater nicht länger verborgen bleiben. Berichten Ferdinands zufolge hatte er damals schon ein Violinsolo von der Orgelempore aus gespielt und »kleine Lieder, Streich-Quartette und Klavierstücke« zu komponieren begonnen. Bald stellt sich die Aufgabe, Franz' Ausbildung weiter zu intensivieren. Bereits 1804 hatte der Vater den Siebenjährigen Antonio Salieri (1750–1825) vorgestellt, dem Pädagogen und Komponisten, der die kaiserliche Hofsängerkapelle leitete und in Wien höchstes Ansehen genoss. Möglicherweise befürwortete er schon damals Franz' Aufnahme in das k. k. Stadtkonvikt. Jetzt, drei Jahre später, stehen Vater und Sohn zum zweiten Mal vor ihm. Das Stadtkonvikt war eine Art Gymnasium, das später zur Hochschulreife führte. Söhne aller Stände, reiche und arme, fanden hier Aufnahme. Zehn von ihnen, die eine gute Stimme besaßen, sangen in der Hofkapelle, andere in der Wiener Kirche »Am Hof«. Hofsängerknaben,

5 Antonio Salieri. Stich von Johann Neidl nach Steinhauser von Trauberg

Antonio Salieri, italienischer Dirigent, Komponist und Pädagoge, kam 1766 nach Wien. 1769 schloss er sich Christoph Willibald Gluck an. 1774 wurde er kaiserlicher Kammerkomponist und Kapellmeister der italienischen Oper, 1788 Hofkapellmeister und später Leiter der Hofsängerkapelle. Salieri schrieb rund 40 Opern, darüber hinaus Sinfonien, Messen, Oratorien, Kantaten und Kammermusik. Das Gerücht, Salieri habe Mozart vergiftet, ist unwahr.

das macht der Vater Franz klar, können sich glücklich schätzen, denn sie wohnen kostenlos im Internat und erhalten die beste gymnasiale und musikalische Ausbildung. Für den Vater ist diese Perspektive verlockend: Immerhin einer der Söhne hätte so die Möglichkeit, das Hochschulstudium zu erreichen.

Bereits am 28. Mai 1808 erscheint in der ›Allgemeinen Wiener Zeitung‹ ein Inserat: die Ausschreibung zweier Sopranstellen im k. k. Stadtkonvikt. Der Vater reagiert und setzt die Bewerbung auf. Kurz darauf findet die Aufnahmeprüfung statt, und Franz besteht sie mit Bravour. Daraufhin erhält er zum 1. Oktober den Stiftungsplatz, der für die nächsten fünf Jahre sein Leben bestimmen soll.

Der Hofsängerknabe

Das k. k. Stadtkonvikt im Gebäude der alten Universität wird vom Orden der Piaristen geführt, denen auch die Erziehung der Jugend obliegt. Das von Kaiser Franz II. gegründete Internat ersetzt das von Joseph II. (1741–1790) aufgelöste, von Jesuiten geleitete Konvikt St. Barbara. Neben den Hofsängern sind hier Zöglinge der verschiedensten Stiftungen untergebracht, um ihre Ausbildung zu er-

Kundmachung.
Da in der k. k. Hofkapelle zwei Sängerknabenstellen neu zu besetzen sind, so haben diejenigen, welche eine dieser Stellen zu erlangen wünschen, den 30. September Nachmittag um 3 Uhr im k. k. Konvikte am Universitätsplatz Nr. 796 zu erscheinen, und sich mit ihnen sowohl in Ansehung ihrer in den Studien bisher gemachten Fortschritte, als auch ihrer in der Musik etwa schon erworbenen Kenntnisse vorzunehmenden Prüfung zu unterziehen, und ihre Schulzeugnisse mitzubringen. Die Konkurrenten müssen das zehnte Jahr vollendet haben, und fähig sein, in die erste Grammatikal-Klasse einzutreten. Wenn die aufgenommenen Knaben sich in Sitten und Studien auszeichnen, so haben sie nach der allerhöchsten Anordnung auch nach Mutierung der Stimme im Konvikte zu verbleiben ...
Wien, den 24. Mai 1808.

Aus der amtlichen ›Wiener Zeitung‹, 28. Mai 1808

halten, dazu die »Zahlzöglinge«. Es gibt 18 Sängerknaben; zehn dienen in der kaiserlichen Kapelle, acht in der Kirche »Am Hof«. Franz gehört als Sängerknabe nicht zu den »Stiftlingen«, sein Unterhalt wird aus z. T. »freiem« Kirchenvermögen gezahlt. Damit besteht auch die Anwartschaft auf einen Stiftungsplatz nach dem Stimmwechsel – gute Schulleistungen vorausgesetzt.

Mit elf Jahren sitzt Franz nun in der ersten Gymnasialklasse, erhält Unterricht in den Fächern Mathematik, Naturlehre, Naturgeschichte, Religion, Latein, Sprache und Stil. Die Schüler bekommen eine gründliche Ausbildung als Basis für das Hochschulstudium und die spätere Beamtenlaufbahn. Doch den Jugend-

6 Wahrscheinlich Schubert als Hofsängerknabe. Aquarell von Leo Diet

lichen steht nicht nur das Akademische Gymnasium zur Verfügung, sondern danach auch eine der verschiedenen Hochschulfakultäten, z. B. der Fachrichtungen Philoso-

---

Piaristen sind Angehörige eines katholischen Ordens, der sich v. a. den Schulunterricht, die Jugenderziehung und (später) die Seelsorge zur Aufgabe machte. Der Orden wurde 1617 in Rom gegründet. Die Piaristen verbreiteten sich schnell über viele Länder Europas. Auch der Direktor des Wiener Stadtkonvikts, Innocenz Lang (1752–1835), war Mitglied und »geistlicher Hofrat« des Ordens, dem weitere Mitglieder, darunter ein Vize- und ein Subdirektor, ein Spiritual der Theologie sowie acht Präfekten unterstellt waren.

phie, Theologie, Rechtswissenschaften oder Medizin. Wie die anderen Neuankömmlinge muss auch Franz die Uniform des k.k. Stadtkonvikts tragen. Nach Berichten eines Konviktkameraden besteht sie aus einem »... altmodischen, niederen Dreispitz, weißem Halstuch, einem ausgeschnittenen Rock von schwarzbrauner Farbe mit einer goldenen Epaulette auf der linken Achsel, lichten glatten Knöpfen, altmodischer Weste über den Bauch hinunter, kurzen Beinkleidern mit Schnallen, Schuhen mit Schnallen ...«

Den Zöglingen ist bewusst, dass die kostenlose Unterbringung, die Bildung und die viel versprechende Perspektive ihren Preis haben. Auch Franz wird aus seiner vertrauten Umgebung herausgerissen. Eltern, Geschwis-

---

Die politische und kulturelle Situation Österreichs zur Zeit Schuberts

Die Zeit nach dem Wiener Kongress 1814/15, das »Zeitalter der Restauration«, wird häufig als Epoche politischer Stagnation und Resignation bezeichnet. Österreich, das schon zuvor schwersten Belastungen ausgesetzt war, ist davon besonders betroffen. Die von Joseph II. durchgeführten, zahlreichen Reformen – darunter Bauernbefreiung, Rechtspflege, Förderung des Bildungs- und Gesundheitswesens, Religionsfreiheit für Nichtkatholiken – werden nach seinem Tod größtenteils wieder rückgängig gemacht. Kurz darauf, 1792, folgen die Koalitionskriege und ab 1803 die Napoleonischen Kriege, die 1809 zur Kapitulation Österreichs führen. Die Österreicher sind immer wieder enttäuscht worden: Sie setzten auf die Alleinherrschaft des reformfreudigen Joseph II., dann auf die Französische Revolution, später auf Napoleon, schließlich die Befreiung von ihm und zuletzt auf die neue, liberalere Gesellschaftsordnung. Doch umsonst, denn mit dem Wiener Kongress wird 1815 der Absolutismus und damit die Restauration alter feudaler Verhältnisse wieder zurückkehren.

Zur Sicherung der Macht im Lande gehört nun unter dem Fürsten von Metternich zunächst die Unterdrückung jeglichen revolutionären Geistes. Österreich entwickelt sich zu einem Polizeistaat, der nationale und liberale Strömungen im Keime erstickt, seine Bürger bespitzelt und drangsaliert. Bereits 1818 kommt es zu den berüchtigten »Karlsbader Beschlüssen«, darunter den Maßnahmen gegen »demagogische Umtriebe« (dazu

ter und Spielkameraden fehlen ihm. Die Lehrer und Erzieher dieser Eliteschule sind streng, der Direktor ist geradezu gefürchtet. Die Schüler sollen im Sinne der späteren Restaurationspolitik zu gehorsamen Untertanen erzogen werden. Zwang bestimmt den Alltag. Der Tages- und Wochenablauf erfolgt strikt nach Plan: Schulstun- den, Lernzeiten, Messebesuche, Gebete und die Beichte. Die Ernährung ist mangelhaft, die Freizeit knapp bemes- sen. Selbst der Ausgang ist nur in Gruppen und unter geistlicher Aufsicht zulässig. Disziplinarstrafen einschließ- lich Karzer gehören zum Alltag. Den Rahmen dazu geben nüchterne, kahle Räumlichkeiten.

Während des sonntäglichen Gottesdienstes treten die Sängerknaben in der Hofkapelle auf. Zu Ehren Gottes

gehören etwa Hausdurchsuchungen, das Verbot studentischer Verbindungen). Die Folge dieser endlos bedrückenden Zustände ist eine zunehmende Politikverdrossenheit im Lande. Das Lebensgefühl des Biedermeier greift um sich, d.h. Resignation, und der Eindruck, dass Glück nur im Familien- und Freundeskreis erreichbar sei. Der Bürger zieht sich zurück, beschäftigt sich mit Literatur, Musik, Malerei, versteht sich auf Möbel. Manch einer verfällt auch der geistigen Verflachung, stellt Ruhe und Behaglichkeit über alles, wird zum Betrachter des Kleinen und Stillen, mit der Tendenz zu Sentimentalität, Frömmelei und Spießertum.

Doch bei alledem darf nicht vergessen werden, dass auch in dieser Zeit die Traditionen idealistischer Philosophie, die Ideen der Aufklärung, der Klassik und dann auch der Romantik gleichsam unterschwellig fortwirken. Wichtige Philosophen der Zeit nach dem Wiener Kongress sind Fichte und Schelling, namhafte Dichter Grillparzer, Körner, die Brüder Schlegel, Novalis und Tieck. Dazu kommen die Maler Schwind und Runge sowie die Komponisten Beethoven, Weber, Hoffmann, Marschner und Spohr. Doch auch andernorts wirken die Ideale der Vergangenheit fort, z.B. in den philantropischen Bestrebungen Rousseaus, der eine »Humanisierung« der Gesellschaft fordert, oder auf religiöser Ebene im Reformkatholizismus. Inmitten dieser Zeit, die scheinbar »Friedhofsstille« assoziiert und doch so voller Bemühungen ist, wächst Franz Schubert auf, umgeben von einem Kreis treuer Freunde, die wie er auf humanistischen Traditionen aufbauen.

und des Kaisers kommen lateinische Messen zu Gehör. Franz, der manchmal solistisch auftritt, beeindrucken die Werke der Gebrüder Haydn, Mozarts, Albrechtsbergers, Hasses und Salieris mehr als das feierliche, pomphaft-befremdende Auftreten des Priesters. Kein Wunder daher, dass er den Konviktalltag sehr bald als unerträglichen Zwang empfindet. Er wird zunehmend stiller und verschlossener. Josef Spaun, der spätere, neun Jahre ältere Freund Schuberts, beschreibt ihn als »immer ernst«, »wenig freundlich«, »still und gleichgültig«. In Berichten wird er als wortkarg und einsam beschrieben, und ein weiterer Konviktskamerad, der spätere Mediziner Georg F. Eckel, notiert in seinen ›Erinnerungen‹: »Auf den gemeinsamen Spaziergängen der Zöglinge hielt er sich meist abseits, ging mit gesenktem Blicke, die Hände auf den Rücken gelegt … ganz in sich gekehrt, sinnend einher …«

Ein Lichtblick: Musik!
Das rasche Ende der vertrauten Kindheit durch die Versetzung in die wesentlich freudlosere, kältere Konviktatmosphäre ist sicher die Ursache dafür, dass Schubert dem einzig Angenehmen innerhalb der düsteren Anstaltsmauern regelrecht verfällt: der Musik. Die wenigen Mußestunden verbringt er »meist einsam im Musikzimmer«. Bereits die ersten Schulzeugnisse bescheinigen ihm ein »außerordentliches Musiktalent«. Bald darauf wird er »wegen seiner ausgezeichneten Verwendung in der Ton-

Ausweis über das sittliche Betragen, den Fortgang in den Studien und in der Musik der Hofsängerknaben im k. k. Konvikte im Iten Semester 1809

Namen	Sitten	Studien	Gesang	Klavier	Violine	Anmerkungen
Schubert Franz	s. gut	gut	s. gut	gut	s. gut	Ein musikalisches Talent

Wien, den 17. April 809

Lang, Direktor des k.k. Konviktes

Das musikalische Wien

Wie Mozart und Beethoven wird später auch Schubert durch die verschiedensten Wiener Musiktraditionen – bis hin zur Volksmusik – geprägt. Richtungsweisend sind dabei Opernhäuser, Konzertunternehmen und Privatveranstaltungen. Im Theater an der Wien spielt man Opern, Ballette, Singspiele, Melodramen und sogar Volksstücke. Im Kärntnertortheater liegt der Schwerpunkt auf Oper und Singpiel: Werke von Mozart, Beethoven, Weigl, Méhul und Spontini kommen dort zur Aufführung. Gegen 1820 lässt das Interesse an der deutschen Oper nach; nun feiert Rossini Triumphe. Zu den großen Bühnen kommen die Vorstadttheater mit volkstümlichen Darbietungen, darunter sogenannte »Ritter«- und »Zauberstücke«, von denen Schubert manche Anregung erhält. Wichtig für Komponisten und Interpreten ist auch die »Gesellschaft der Musikfreunde«. Sie organisiert »Gesellschaftskonzerte« für namhafte Größen wie etwa Beethoven, und dazu kommen »Abendunterhaltungen« für den Nachwuchs. Besonders hier bringt Schubert seine Werke zu Gehör – bis 1828 über 50 Mal. In den Programmen stehen ganz unterschiedliche Kompositionen: Orchesterwerke, Chorwerke, Streichquartette, Klavierwerke, Opernarien, Lieder u.a. In den »musikalischen Akademien« treten Virtuosen auf, die das Publikum begeistern. Der berühmte Geiger Ignaz A. Schuppanzigh eröffnet beispielsweise eine Abonnementsreihe und tritt mit seinem Quartett auf. Von Bedeutung sind auch privat geführte musikalische Salons, in denen junge Interpreten und Komponisten die Möglichkeit bekommen vorzuspielen – für Schubert eine weitere Gelegenheit zur Präsentation.

Neben der »Kunstmusik« ist auch die typisch »Wienerische Musik« zu nennen. Zu ihr gehören das Wienerlied und die verschiedensten Formen des Tanzes. Joseph Lanner und Richard Strauß (Vater, später auch sein Sohn) heben den Walzer auf die Ebene des Kunstwerkes, doch dazu kommt auch, und nach 1815 verstärkt, ein großer Bedarf an billiger Tanz- und Unterhaltungsmusik. Mit Fröhlichkeit und Leichtlebigkeit sollen die deprimierenden Verhältnisse im Lande kompensiert werden: In Wien wird getanzt, Bälle und andere Amüsements stehen im Mittelpunkt. Der Staat fördert diese Veranstaltungen mit dem Ziel bewußter Ablenkung – gemäß dem zynischen Ausspruch Metternichs: »Das Volk soll sich nicht versammeln, sondern zerstreuen.«

kunst« belobigt. Er erhält Klavier-, Viola-, Violoncello-
und Generalbassunterricht von dem Hoforganisten Wenzel Ruzicka. Dieser aus Mähren stammende, sehr fähige
und wohlwollende Mann leitet das Konviktorchester. Allerdings wird Franz auch seiner Fürsorge bald nicht mehr
bedürfen, denn Ruzickas Berichten zufolge ist Schubert
»schon angeboren ..., was anderen zu lernen so schwer
dünkt ...«

Die Musikpflege findet im Konvikt höchste Beachtung
und wird von der Anstaltsleitung gefördert, da die Musik dort als eine der »unschuldigsten und edelsten Unter-
haltungen« gilt – im Gegensatz zu der »gefährlicheren«
Literatur, die demokratisches Gedankengut und sogar
die gefürchteten revolutionären Ideen produzierte. Die
Mehrzahl der Schüler gibt sich der Musik hin, »viele lern-
ten Blasinstrumente spielen, an Geigen war kein Mangel,
selbst der Kontrabaß wurde
gelehrt, und es bildete sich
nach und nach ein treffli-
ches Orchester« (Spaun).

Die Bedeutung des Kon-
viktorchesters kann für
den zwölfjährigen Schubert
kaum hoch genug gewür-
digt werden. Der Direktor
selbst hat den Klangkörper,

7   Cherubini und die Muse.
Gemälde von Jean-Auguste-
Dominique Ingres, 1842

Luigi Cherubini (1760–1842),
zwar gebürtiger Italiener, doch
eher französischer Komponist,
ließ sich 1786 in Paris nieder,
wo er Direktor des dortigen
Konservatoriums wurde. Cherubini führte die französische
Oper auf einen neuen Höhepunkt (›Medea‹, 1797). Besonders seine Ouvertüren atmen
den Geist der französischen
Revolutionsmusik, von der sich
v. a. Beethoven inspirieren ließ.

der nur aus Zöglingen besteht, zusammengestellt. Sogar Vorspiele finden statt, z. B. im Schloss Schönbrunn vor Erzherzog Rudolph und seinem Lehrer Ludwig van Beethoven. Die Fähigkeiten der Spielenden sind unterschiedlich. Dennoch wird allabendlich eine ganze Sinfonie durchgeprobt, dazu eine leichtere, »möglichst rauschende« Ouvertüre. Schubert, der die Violine spielt, lernt die Sinfonien Haydns, Mozarts und des frühen Beethoven kennen, von Letzterem die ›Coriolan-Ouvertüre‹ und die drei ›Leonoren-Ouvertüren‹. Auch Instrumentalwerke bzw. Ouvertüren französischer Komponisten kommen zur Aufführung, darunter z. B. von Luigi Cherubini oder Charles-Simon Catel. Bald ist er mit den Meisterwerken der Klassik und zugleich mit den Eigenarten der Instrumente und der Orchestrierung vertraut. Besonders die langsamen Sinfoniesätze mit ihrer lyrisch-strömenden Kantabilität berühren ihn. Bekannt ist seine frühe, leidenschaftliche Parteinahme für dieses oder jenes Werk. Mozarts g-Moll-Sinfonie KV 550 z. B. beeindruckt ihn zutiefst, weniger dagegen die heiter-leichte Sinfonik des damals modernen Karl Krommer. »Oh wie fad!«, ruft er manchmal aus, nicht begreifend, weshalb man derartige Stücke spielt. Doch vorlaut ist Schubert nie. Freiwillig übernimmt er die Funktion des »Kapelldieners«, der sich um Noten, Aufbewahrung der Instrumente, Kerzenbeleuchtung usw. zu kümmern hat. Bald rückt er auf, zunächst vom zweiten zum ersten Violonisten, und später darf er stellvertretend das Orchester leiten. Dieses musiziert oft bei offenem Fenster, und es wird überliefert, wie »an schönen Abenden die von den Basteien heimkeh-

Auch **Charles Simon Catel** (1773–1830), Professor am Pariser Konservatorium, gehörte zu den namhaften Musikerpersönlichkeiten Frankreichs. Sein Hauptinteresse galt der französischen Oper (›Sémiramis‹, 1802), darüber hinaus wurde er mit zahlreichen Revolutionsmusiken – zündenden Ouvertüren, Märschen, patriotischen Hymnen und Liedern – populär.

renden Spaziergänger von den Klängen angelockt, in dichten Scharen stehen blieben, so dass der Verkehr in der Gasse völlig unterbrochen war, und der gegenüber wohnende Mechanikus Hanacek alle verfügbaren Stühle seiner Wohnung den Damen auf die Straße stellte« (Eduard Hanslick, Geschichte des Konzertwesens in Wien).

Neben dem Orchesterspiel wird für Schubert das Musizieren in kleineren Ensembles wie Streich- und Singquartetten wichtig. Hier liegt seine spätere Hinwendung zu den entsprechenden Gattungen begründet. Anton Holzapfel, ein anderer Freund, berichtet dazu: »... ich weiß noch genau, mit welchem immensen Vergnügen wir die in Albrechtsbergers, Haydns und Mozarts Quartetten vorkommenden Fugen taktfest herabscharrten.« Dazu kommt »der Gesang zum Klavier, besonders die Zumsteegschen Balladen und Lieder unter uns in Mode.« Besonders diesem Balladen-Genre widmet sich Schubert mit Hingabe und versucht auch, manches davon, darunter ›Hagars Klage‹ (nach dem Alten Testament), in neuer Art zu vertonen.

Erste Freundschaften

Im Leben kaum eines Komponisten spielen Freundschaften eine so große Rolle wie bei Schubert. Schon in der bedrückenden Konviktatmosphäre findet er Kameraden, die ihm den Anstaltsalltag aufhellen und beleben. Hier liegt der Beginn manch großartiger, künstlerisch inspirierender Verbindung, derer er so dringlich bedurfte. Zuerst lernt Schubert Joseph von Spaun (1788–1865) aus Linz kennen, der seit 1805 Jura studiert. Spaun, der spätere Hof-

Schubert sagte mir dazumal, daß er schon eine Menge komponiert habe, eine Sonate, eine Phantasie, eine kleine Oper, und er werde jetzt eine Messe komponieren. Die Schwierigkeit für ihn bestehe vorzüglich darin, daß er kein Notenpapier und kein Geld habe, um sich eines zu kaufen ... Ich versah ihn dann heimlich riesweise mit Notenpapier, das er in unglaublicher Menge verbrauchte. ... Er spielte mir oft Sonaten oder andere Kompositionen vor, die bereits alle originell und melodiös waren. Ganze

konzipist, wird sein Mentor; er regt ihn zum Komponieren an, versieht ihn mit Texten, führt ihn in die Oper und vermittelt die wichtigsten Kontakte, z. B. zu Theodor Körner oder Moritz von Schwind. Bei Spaun finden später auch die »Schubertiaden« statt, die Schuberts Bekanntheit fördern.

Zu Schuberts Konviktfreunden gehört auch Anton Holzapfel (1792–1868), mit dem er musiziert. Holzapfel verschafft ihm Gedichte und kümmert sich später um Verleger für seine Lieder. Albert Stadler (1794–1888), der ebenfalls Jura studiert, musiziert mit Schubert und Holzapfel und regt zu weiteren Liedkompositionen an. Darüber hinaus komponiert er selbst Lieder. Der aus Oberösterreich stammende Stadler vermittelt später die Verbindungen nach Linz und Steyr.

Der vierte im Bunde, Joseph Kenner (1794–1868), gilt als der Geistreichste; er dichtet und malt auch. Schubert vertont mehrere seiner Texte, darunter die Ballade ›Der Liedler‹.

Obwohl Schubert als verschlossen und vorsichtig in der Wahl seiner Freunde gilt, wächst die Achtung vor ihm immer mehr. Zunehmend wird er zum Inspirator, zum »Motor« des Geschehens im Musikzimmer, und kann sich des Zuspruchs und der Zuneigung vieler erfreuen. Eckel liefert ein treffendes Bild des Dreizehn-, Vierzehnjährigen: »Schubert lebte schon als Knabe und Jüngling mehr ein inneres, geistig-sinniges Leben, welches nach außen selten in Worten, … fast nur in Noten sich kundgab. Selbst gegen seine Vertrauteren, zu denen damals … Holzapfel und ich zählten, die wir seine ersten, im Stadt-

Messen, Opern, ja selbst Sinfonien lagen bereits fertig, allein nach und nach vertilgte er alle diese Kompositionen wieder und sagte, es seien nur Vorübungen.
Joseph von Spaun, Aufzeichnungen über meinen Verkehr mit Franz Schubert (1858), in: ›Schubert. Die Erinnerungen seiner Freunde‹, hg. von Otto Erich Deutsch, Wiesbaden 1983

konvikt komponierten Lieder, jedesmal fast noch nass vom Papier weg, lasen und sangen, war er wortkarg und wenig mitteilend, außer in Sachen, die jene Göttliche betrafen, der er sein ... ganzes Leben weihte und deren Liebling er war. Ein ihm angeborenes Maß von Ernst und Ruhe, Freundlichkeit und Gutmütigkeit ließ weder eine Freund- noch Feindschaft zu. ... Heftig sah ich ihn nie, lebhaft immer, obwohl sich dies mehr in Miene und Bewegung als in Worten kundgab, die meist kurz und bündig waren und eine gute Dosis Humor verrieten. Lachen sah ich ihn selten, lächeln öfter, auch ohne äußere Veranlassung, mithin als Reflex des inneren Seelenlebens.«

Heimliches Komponieren. Erste Hinwendung zum Lied

Schuberts früheste Kompositionen stammen wohl aus der Zeit des Unterrichts bei Michael Holzer. Mit zwölf Jahren schreibt er eine Fantasie in G-Dur zu vier Händen (D 1), das erste »gültige« Werk. Typisch ist seine scharfe, unerbittliche Selbstkritik, und so werden zahlreiche Stücke wieder vernichtet. Dem Bruder Ferdinand schreibt er 1824 über die ersten zehn Streichquartette, »daß an ihnen nichts ... daran sei«. Immer mehr aber wächst sein Fleiß. Bald will er alle Genres beherrschen. Möglicherweise beschäftigt ihn zunächst die Instrumentalmusik. Die vierhändige ›Fantasie in G-Dur‹ von 1810 (D 1), die mit »Variationstechnik« aufwartet, deutet darauf hin. Doch derartiges hält Schubert geheim. Nur Spaun gegenüber gesteht er »... fast schamrot, daß er schon viel komponiert« habe. »Ich versah ihn dann heimlich riesweise mit Notenpapier, das er in unglaublicher

Johann Rudolf Zumsteeg (1760–1802) gehört zu den bedeutendsten Liedkomponisten des ausgehenden 18. Jahrhunderts. 1781 wurde er Violoncellist an der Stuttgarter Hofkapelle und 1793 Konzertmeister. Zunächst komponierte er mehrere Solokonzerte (für Violon-

8   Johann Rudolf Zumsteeg. Stich von
unbekannter Hand

Menge verbrauchte« (Spaun).
Die Hinwendung zum Lied
findet ziemlich früh statt
und ist um 1807 anzusetzen.
Die ersten Texte, die zur
Vertonung kommen (Klop-
stock, Friedrich Matthisson
und Ludwig C.H. Hölty),
stammen aus dem im Unter-
richt verwendeten Literatur- und
Rhetorikbuch ›Institutio ad eloquen-
tiam‹. Doch auch Spaun, der ganz mit
Literatur aufgewachsen ist, versorgt den Freund mit klassischen und modernen Texten, insbesondere von Schiller,
Pfeffel, Matthisson und Hölty.

Ein beliebter Wiener Liederkomponist ist Johann Rudolf Zumsteeg (1760–1802), Meister der dramatischen
strophischen Ballade. Zumsteegsche Werke gehören ins
Repertoire öffentlicher und häuslicher Musikpflege, auch
im Konvikt. Schubert ist von dessen Liedern angetan,
studiert sie, nimmt ihre kantatenartige Form auf und
führt sie schöpferisch weiter. Spaun berichtet, wie er dem
Vierzehnjährigen im Musikzimmer begegnet: »›Hören
Sie‹, sagte er, ›das Lied‹ … und da sang er schon mit halb
brechender Stimme ›Colma‹, dann zeigte er mir ›Die Erwartung‹, den ›Ritter Toggenburg‹ etc. Er sagte, er könne
tagelang in diesen Liedern schwelgen …« Durch Zum-

cello/Flöte), später folgten
Opern – zuletzt nach dem Vorbild Mozarts –, oft in Anlehnung an die literarische Romantik. Die Hauptleistung
Zumsteegs liegt jedoch auf dem
Gebiet des Liedes und der Ballade (›Ritter Toggenburg‹ 1796,
›Lenore‹, 1797), wobei er die

Tradition der Solokantate mit ihrem Wechsel von Rezitativ, Ario-
so und Arie fortführt und damit
den jungen Schubert beeinflusst.
Die Schwächen der Zumsteegschen Ballade liegen in den mitunter ausschweifenden Episoden,
wodurch der Zusammenhalt
nicht immer gewährleistet ist.

steeg wird Schubert auf weitere Dichter gestoßen, darunter Schücking und den jungen Schiller.

Von den Gedichten, die Schubert damals vertont hat, sind nur einige erhalten geblieben. Das erste überlieferte Lied ist die Ballade ›Hagars Klage‹ (30. März 1811) nach Schücking. Hagar, die verstoßene Frau Abrahams, irrt darin in der Wüste umher, was musikalisch in freier, balladisch-kantatenhafter Form mit wechselnden Rezitativen und Ariosos gestaltet wird. Die Ballade ist in Anlehnung an das Vorbild Zumsteeg von hoher Expressivität und Dramatik. Weitere Balladen aus dieser Zeit sind die ›Leichenphantasie‹, ›Der Taucher‹ (Schiller) und ›Der Vatermörder‹ (Pfeffel). Bereits hier sind zentrale Schubert-Themen wie »Tod«, »Vergänglichkeit« u. ä. vorgeprägt.

Die frühen Liedschöpfungen Schuberts sind durch besondere Subjektivität und Kompromisslosigkeit gekennzeichnet. Der Inhalt von Gedichten muss ihn zutiefst berührt haben. Nicht Worte werden vertont, sondern Gefühle in Musik gesetzt. Die Forderung der

9   Christian Friedrich Daniel Schubart. Stich von Johann Elias Haid, 1783

Christian Friedrich Daniel Schubart (1739–1791), der deutsche Lyriker des Sturm und Drang, ist auch als Komponist und Musikästhetiker hervorgetreten. Zunächst Kapellmeister und Organist am württembergischen Hof in Ludwigsburg, gründete er 1774 die

Zeitschrift ›Teutsche Chronik‹, die sich scharf gegen die Obrigkeit richtete. Wegen Kritik an Adel und Kirche wurde er zweimal des Landes verwiesen und 1777 für zehn Jahre in Haft genommen. Schubart schrieb leidenschaftlich anklagende Gedichte, z. B. ›Die Fürsten-

zeitgenössischen Ästhetik nach einem neuen Grad an Sensibilität findet hier ihren Ausdruck. Schon deren Vertreter Christian D.F. Schubart schreibt 1785: »Ich fühle, was ich schreibe und rede. Ich hasse den Schreiber und Schwätzer, dem ewige Lügen aus der Feder und von den Lippen sprudeln, weil er nicht fühlt …« Doch dazu kommt als weiteres Ideal die Natürlichkeit des Ausdrucks, die Schlichtheit der Empfindung. Dies ist besonders im Volkslied zu finden.

Konflikte mit dem Vater. Tod der Mutter
Die schulischen Leistungen Schuberts sind anfangs gut, sogar sehr gut. Nach 1810 hat er jedoch Probleme, und zwar besonders in den Fächern Latein und Mathematik. Der Vater, der das »übermäßige« Komponieren schon untersagt hatte, ist empört. Noch einmal spricht er das Verbot aus, droht sogar damit, dass Franz die Familie nicht mehr besuchen dürfe. Der Grund ist klar: Der Sohn soll sich auf einen »bürgerlichen« Beruf mit Zukunft orientieren. Das Jahr 1811 ist deshalb von Spannungen und Auseinandersetzungen geprägt. Spaun spricht gar von einem »Sturm«. Die Kluft zwischen Vaterliebe und Berufung wird größer. Möglich, dass der Vierzehnjährige seinen Eifer zu drosseln vermag, doch auf Dauer ist der Schaffenstrieb nicht zu bändigen. Schubert bekommt Hausverbot, darf die Mutter und seine Geschwister nicht mehr sehen. Bitter ist die Erkenntnis des Heranwachsenden, dass der Vater, diese »höchste Autorität«, nicht in der Lage ist, Verständnis für ihn aufzubringen. Noch

gruft‹ (1786) und inspirierte damit den jungen Schiller. Auch als Musikschriftsteller ist er ein Wegbereiter der Klassik, v.a. mit der Schrift ›Ideen zu einer Aesthetik der Tonkunst‹ (1806).

28. Mai 1812 Elisabeth Schubert, geb. Vitz, Himmelpfortgrund Nr. 10. Franz Schubert, Schullehrer und Armenvater, seine Frau Elisabeth, 55 Jahre alt; an Nervenfieber [Typhus; M.K.]; am 30. Mai beerdigt.
Aus dem Buch der Todesfälle der Pfarre »Zu den vierzehn Nothelfern« in Lichtenthal

um vieles mehr vergrößert sich Schuberts Schmerz, als am 28. Mai 1812 die Mutter stirbt. Den Fünfzehnjährigen trifft die erste Erschütterung seines Lebens: »Da kam mir die Kunde von meiner Mutter Tode. Ich eilte sie zu sehen, und mein Vater, von Trauer erweicht, hinderte meinen Eintritt nicht. Da sah ich ihre Leiche. Tränen entflossen meinen Augen. Wie die gute alte Vergangenheit, in der wir uns nach der Verstorbenen Meinung auch bewegen sollten, wie sie sich einst, sah ich sie liegen. Und wir folgten ihrer Leiche in Trauer und die Bahre versank ...«

Trotz des Schmerzes, den Schubert empfindet, gleicht die Versöhnung mit dem Vater einer Erlösung, und dieser gestattet ihm fortan auch wieder das Komponieren.

»Den 18. Juni 1812 den Kontrapunkt angefangen«

Die Versöhnung mit dem Vater und die Möglichkeit, sich künftig frei und ohne schlechtes Gewissen zu entfalten, geben Schubert neuen Auftrieb. Nun soll er gar Kompositionsunterricht erhalten. Salieri, der für die Knaben der Hofkapelle verantwortlich ist, hatte schon Ruzicka den Auftrag erteilt, ihm Generalbassunterricht zu geben. Doch jetzt würde sich die bedeutendste Musikerpersönlichkeit Wiens selbst mit ihm befassen. Auch Beethoven sowie später Liszt und Giacomo Meyerbeer waren seine Schüler. Zweimal in der Woche und später fast täglich ist Schubert nun zu Gast in Salieris Wohnung. Der Fünfzehnjährige wird mit Wohlwollen empfangen. Dankbar und aufmerksam folgt er den handwerklichen Unterweisungen des Lehrers. Daheim muss er kontrapunktische Übungen, d. h. mehrstimmige Sätze anfertigen, die dann

Giacomo Meyerbeer (1791–1864), Opernkomponist deutscher Herkunft, ging 1816 nach Italien und 1831 nach Paris, wo er mit ›Robert der Teufel‹ (1831), ›Die Hugenotten‹ (1836) u. a. zu Weltruhm gelangte. Meyerbeer gilt als Vollender der französischen »Großen Oper«.

im Unterricht durchgegangen werden. Dazu kommt das Lesen und Spielen von Partituren. Die Analysen italienischer Opern langweilen ihn, dementsprechend nachlässig fallen seine Mitschriften aus. Die Werke Glucks interessieren ihn dagegen mehr. Bald muss Schubert selbst komponieren: Streichquartette, Sinfonien, kirchliche Werke; auf Salieris Anregung hin entsteht möglicherweise auch das frühe Bühnenwerk ›Des Teufels Lustschloß‹.

10 Christoph Willibald Gluck. Gemälde von Joseph Siffred Duplessis, 1775

Salieri ist ein schwer zu durchschauender Charakter. Er kann freundlich und liebenswürdig, aber auch autoritär und leicht aufbrausend sein – »ein feines, niedlich gebautes Männchen, mit feurig blitzenden Augen, gebräunter Hautfarbe, immer nett und reinlich …« Sein Ideal ist natürlich die italienische Kantabilität (Gesanglichkeit), und sein Vorbild die heroisch-pathetische Oper, wie sie in Neapel gepflegt wird. Dazu kommt die Leitfigur Gluck und dessen Bühnenwerk, das auch Schubert fasziniert.

Der Unterricht bei Salieri zieht sich über Jahre, über die Konviktzeit hinaus. Schubert wird dabei viel aufnehmen,

Christoph Willibald Gluck (1714–1787), der große Opernreformator des 18. Jahrhunderts, ließ sich 1752 in Wien nieder, wo er zunächst Opern im Stil der italienischen, höfisch-aristokratischen Opera seria schrieb. Glucks wahre Bedeutung liegt jedoch in der 1762 (›Orpheus und Euridice‹) begonnenen Opernreform, die zum Ziel hatte, die Musik wieder ganz in den Dienst des Dramas zu stellen – auf der Grundlage »dramatischer und psychologischer Wahrheit«.

besonders aus handwerklicher Sicht. Deutlich wird jedoch auch, dass Lehrer und Schüler manches trennt: nicht nur ihre nationale Herkunft und zwei Generationen, sondern auch ihre geistige und musikalische Denkart. Zudem geht Schubert – spätestens gegen Ende 1814 – seinen ganz eigenen Weg, der mit dem Lied zum ersten Höhepunkt führen sollte.

Die Franzosen in Wien. – Senn und Körner. – Flucht aus dem Konvikt

Die politischen Ereignisse bis ins Jahr 1813 – d.h. Napoleonische Fremdherrschaft und Befreiungskriege – gehen auch an Schubert nicht spurlos vorüber. Bereits 1809 kam es zu einer ersten Begegnung mit der kriegerischen Außenwelt: Die Franzosen näherten sich Wien, und die Stiftlinge erfuhren von der Errichtung eines freiwilligen, zur Verteidigung bestimmten Studentenkorps. Die Einschreibung dafür war untersagt, doch eine Gruppe von Patrioten, darunter Spaun, kehrte mit weißroten Bändern, dem Zeichen der Anwerbung, jubelnd in das Konvikt zurück. Dort freilich wurde das »Soldatenspiel« verboten. In den eigenen Mauern eingeschlossen, mussten die Knaben die Beschießung Wiens und gar ihrer Unterkünfte tatenlos mit ansehen.

In der späteren Konviktzeit lernt Schubert auch den aus Tirol stammenden Johann C. Senn (geb. 1795) kennen,

Werke, die während der Konviktzeit entstanden (Auswahl)
Rund 20 Lieder
Kirchenmusik: Messe in F D 24 E, Salve Regina in F D 27,
    einzelne Messsätze
Instrumentalmusik: Ouvertüre D-Dur D 12
Kammermusik: Ouvertüre c-Moll für Streichquintett,
    Oktett F-Dur für Bläser, 7 Streichquartette, Klaviertriosatz
    B-Dur D 28
Klaviermusik: Fantasie in c D 2E, mehrere Fugen, mehrere
    Fantasien (vierhändig)
Singspiel ›Der Spiegelritter‹
Mehrstimmige Gesänge: Kanons, Terzette, Quartette für
    Männerstimmen a cappella

den Sohn des ermordeten Landesverteidigers Franz M.
Senn. Er studiert Philosophie und Jura, ist Gerechtig-
keitsfanatiker und weckt Begeisterung mit seinen revolutionären Ideen. Schubert sympathisiert mit Senn, doch
erst nach 1815 wird die Freundschaft zwischen den beiden enger.

Im Jahr 1813 kommt es zur Begegnung mit dem 21-
jährigen Dichter und Patrioten Theodor Körner. Körner,
der seit 1811 in Wien wirkt, bietet dem Burgtheater das
Drama ›Zriny‹ an, das den Freiheitskampf des gleichnamigen ungarischen Helden nachgestaltet. Die Aufführung findet im Dezember 1812 statt, zu dem Zeit-
punkt, als die ersten Nachrichten von der Niederlage
Napoleons in Russland nach Wien dringen. Körners Entschluss, das Studium aufzugeben, um zu schreiben, muss
Schubert so beeindruckt haben, dass ihn der Wunsch erfüllt, auch nur noch zu komponieren. Im März 1813 verlässt Körner die Stadt, meldet sich als Freiwilliger zum
Lützowschen Freikorps und fällt in Mecklenburg. Schubert komponiert daraufhin zutiefst erschüttert die ›Be-
gräbnisfeier‹. Nach Körners Gedichten ›Leyer und
Schwert‹ folgen 14 weitere Lieder. Im Nachklang vertont
Schubert 1815 mehrere Gedichte, die die »Schlacht« thematisieren, z. B. das ›Trinklied vor der Schlacht‹, das
›Schwertlied‹, ›Gebet vor der Schlacht‹ u. a.

Schuberts Konviktzeit wird nach fünf Jahren im November 1813 abrupt beendet – durch ihn selbst. Die Probleme in den Fächern Latein und Mathematik hatten zu-
genommen, und er wird in die »zweite Klasse« versetzt,
was soviel wie »durchgefallen« bedeutet. Der Vater ist

Theodor Körner (1791–1813),
geboren in Dresden, schrieb
pathetische, an Schiller ge-
schulte Dramen (›Zriny‹), auf-
rüttelnde Gedichte (›Lützows
wilde Jagd‹) und bühnenwirk-
same Unterhaltungsstücke.
Besonders in den Dramen
kommen die leidenschaftlich-
schwärmerische Kämpfernatur
des Dichters und die Sehnsucht
der Deutschen nach Befreiung
von der Napoleonischen Fremdherrschaft zum Ausdruck.

entsetzt, doch der Direktor und Salieri setzen sich für ihn ein. Sogar der Kaiser, dem Schuberts Begabung zu Ohren kam, verfügt, dass ihm der Stiftungsplatz erhalten bleiben müsse. Nun werden Wiederholungsprüfungen beantragt, aber zum Entsetzen aller »geht Schubert einfach durch« (Spaun). Das heißt: Nichts wird ihn dazu bewegen, nach der Sommerpause ins Konvikt zurückzukehren.

Für das Schulorchester komponiert Schubert gleichsam als Abschiedsgeschenk noch ein Werk: die erste Sinfonie, die im November aufgeführt wird. Im ersten Anlauf, das ist kaum glaubhaft, meistert der Sechzehnjährige die Form. Der erste Satz bringt in klassischer Sonatenform zwei Themen: eine rasant aufsteigende Tonleiterfigur und eine schlichte Liedweise, die im Weiteren dominiert. Liedhaft ist auch der zweite Satz (Andante), doch der Anlage nach eher rondoförmig. Traditionell klassisch sind auch das dreiteilige Menuett mit Trio-Mittelteil und der verspielte Finalsatz, wiederum in Sonatenform. Bereits die Ausdehnung der Sätze weist darauf hin, dass hier mit großem Anspruch gearbeitet wurde. Trotz Fortführung der Haydn-Mozart-Tradition trägt das Werk schon schubertsche Züge, z. B. mit dem lyrischen »Aussingen« der Themen im zweiten Satz und manchen Modulationen. Die Partitur schließt mit den Worten »Fines et fine« (Schluss und Ende) – gewiss ein Stoßseufzer, dem Konvikt, dem »Gefängnis« für immer entronnen zu sein.

Die **Sonatenhauptsatzform** ist eine seit der Wiener Klassik fest ausgeprägte musikalische Form, die v. a. im ersten Satz der Sinfonie, des Streichquartetts, der Klaviersonate usw. verwendet wird. Sie beginnt mit einer Exposition, in der sich häufig zwei miteinander kontrastierende Themen gegenüberstehen. Ihr schließt sich die Durchführung an, in der die Themen melodisch, rhythmisch oder harmonisch »verarbeitet« werden. In der Reprise (frz. »Wiederaufnahme«) wird die Exposition wieder aufgenommen und führt in den Schlussteil, die Coda.

Erster Aufbruch, erste Enttäuschungen

Ausbildung zum Schulgehilfen

Mit Schuberts überraschendem und eigenwilligem Entschluss, die Gymnasialausbildung abzubrechen, sind die Hoffnungen des Vaters auf eine spätere Beamtenlaufbahn seines Jüngsten zerschellt. Verloren ist auch die materielle Sicherheit des Konviktlebens. Der Vater ist natürlich nicht gewillt, den Sechzehnjährigen zu unterhalten, und fordert umgehendes Handeln: Franz müsse nun den Beruf des Lehrergehilfen ergreifen, und zwar so schnell wie möglich. Schubert, der froh ist, dem Konviktleben entronnen zu sein, widerspricht dem nicht. Daraufhin schickt ihn der Vater in einen Präparandenkurs an der Lehrerbildungsanstalt der k. k. Normal-Hauptschule St. Anna, wo er in zehn Monaten zum Schulgehilfen ausgebildet wird.

St. Anna gehört zu den Bildungseinrichtungen, die noch Joseph II. gegründet hatte. Hier wurde die Volksbil-

11 Schule und Kirche von St. Anna in Wien. Stich nach Salomon Kleiner von Johann August Corvinus

dung gefördert, doch unter Franz II. gehen die Institute schon bald in die Hände der reaktionären Geistlichkeit über.

Mit wenig Lust besucht Schubert die Präparandie. Lieder, Streichquartette und eine Sinfonie hatte er komponiert, um nun Erstklässlern Unterricht zu erteilen. Seine Leistungen sind dementsprechend: Sie schwanken zwischen »gut« und »mäßig«, in Religion sind sie sogar »schlecht«. Bereits im Herbst 1814 legt Schubert das Examen ab. Nun ist er berechtigt, Unterricht zu geben, und der Vater stellt den Siebzehnjährigen als sechsten Schulgehilfen der Volksschule im Himmelpfortgrund ein.

12   Schubert um 1813. Zeichnung von Leopold Kupelwieser

Schulunterricht. Aufführung der ersten Messe

Als Schulgehilfe vermittelt der inzwischen achtzehnjährige Schubert Elementarkenntnisse in Lesen, Schreiben und Rechnen. Viel mehr ist nicht vorgesehen, getreu der Verordnung des »guten Kaisers Franz«: »Mir brauchen kane Genies, mir brauchen nur gute Untertanen, die ihre Schuldigkeit tun.« Die Schulverhältnisse im damaligen Österreich sind katastrophal: große Klassen, enge Räume und schlechte

Was mir am Herzen liegt, ist die baldige Zustandebringung einer Schulpolizei, welche nicht nur auf die Aufsicht über das sittliche und ordentliche Benehmen der studirenden Jugend ... sondern auch ... über die Lehrer sich erstrecken soll.

Kaiser Franz II., 1796

Luft, das alles in trübes, unfreundliches Halbdunkel gehüllt. Schuberts Begabung für den Lehrerberuf ist nur mäßig. Ferdinand berichtet, dass er »im wesentlichen Dienst geleistet und strenge Ordnung gehalten habe«. Auch Spaun zufolge hat er seine »Lehrerpflichten zwar erfüllt, allein mit Widerstreben, es fehlte ihm die Geduld dazu.«

Die ersten Monate vergehen, doch es zeigt sich immer deutlicher, dass Schubert am falschen Ort ist. Wieder fühlt er sich unfrei und unglücklich. Freizeit hat er kaum, denn neben dem Unterricht sind auch noch Musikstunden zu geben. Das Hauptproblem aber ist, dass ihm unaufhörlich musikalische Einfälle zuströmen, Melodien, die zu Liedern oder Instrumentalstücken verarbeitet werden müssten. Nur wann? Schubert führt bald ein Doppeldasein: Die Schüler beschäftigt er mit Schreib- und Rechenarbeiten, während er, am Pult sitzend, fieberhaft das im Kopfe Fertige niederschreibt. Natürlich merken die Kinder bald, dass der Herr Hilfslehrer nicht bei der Sache ist. Schubert sagt später darüber: »Stets wenn ich dichtete (komponierte, M. K.), ärgerte mich diese kleine Bande so sehr, dass ich regelmäßig aus dem Konzept kam« – und gesteht, dass es dann immer mal Prügel setzte.

Nach der Rückkehr ins Elternhaus nimmt Schubert wieder Kontakte zur Lichtentaler Kirchgemeinde auf. Die Gemeinde feiert im Herbst 1814 ihr hundertjähriges Bestehen. Bereits Monate zuvor bekommt Schubert das Angebot, für diesen Anlass eine Messe zu schreiben. Der Chorleiter Holzer hatte ihm den Auftrag vermittelt, im Vertrauen, dass sein einstiger Schüler der Aufgabe ge-

---

Die **Lichtentaler Pfarrkirche**, 1723 erbaut, galt schon Ende des 18. Jahrhunderts als ein Ort intensiver Musikpflege. Zum Repertoire gehörten Werke von Karl Ditters von Dittersdorf, Johann Adolf Hasse, Joseph und Michael Haydn, Mozart u. a. Möglich ist, dass dort nicht nur die F-Dur-Messe, sondern später auch andere Werke Schuberts, z. B. das Salve Regina D 106 sowie das Offertorium D 136 zur Aufführung kamen. Die Kirche ist heute eine Gedenkstätte, die sich der Pflege des Schubertschen Werkes widmet.

wachsen sei. Schubert, der darin die große Chance sieht, macht sich mit Feuereifer an die Arbeit. Zugute kommen ihm dabei fünf Jahre Erfahrung als Hofsängerknabe und auch der Unterricht bei Salieri, der ihn manches Kirchenmusikstück komponieren ließ.

Die Aufführung von Schuberts erster Messe am 16. Oktober wird ein grandioser Erfolg. Im Publikum sitzt die gesamte Kirchgemeinde, darunter zahlreiche Verwandte und Freunde. Eduard von Bauernfeld, ein späterer Freund des Komponisten, beschreibt die Aufführung mit den Worten: »Es war ein rührender Anblick, den jungen Schubert, der damals der jüngste unter allen anwesenden Musikern war, seine Kompositionen dirigieren zu sehen. Mit welchem Ernst tat er es, mit welcher Umsicht, dass die alten Herren sagten: ›Der dürfte schon 30 Jahre Hofkapellmeister sein, so könnte er es nicht besser machen.‹«

Zehn Tage später findet die Wiederholung in der Augustiner-Hofkirche statt, dort, wo Schubert als Sängerknabe wirkte. Hier ist der Erfolg noch durchschlagender. Sogar Gäste des Wiener Kongresses sind zugegen, und auch Salieri, der unter den Zuhörenden sitzt, findet lobende Worte für den Schüler.

Frühe Kirchenmusik
Die F-Dur-Messe bildet den Auftakt für eine Vielzahl kirchenmusikalischer Kompositionen. Nach ihrem Erfolg macht sich Schubert verstärkt mit dem Repertoire vertraut, d. h. mit Werken der Gebrüder Haydn, Mozarts, Albrechtsbergers und Hasses. Bis 1816 entstehen drei weitere Messen, ein Stabat mater, ein Magnifikat, zwei Offertorien, ein Graduale sowie das Salve Regina in F-Dur. Vieles davon ist für den Gottesdienst oder für den Gebrauch außerhalb der Kirche bestimmt, und oft handelt es sich um Auftragswerke für die Gemeinde. Doch auch für seinen Bruder Ferdinand, der zugleich Chorleiter an der Altlerchenfelder Kirche ist, komponiert Schubert manches, z. B. die Sechs Antiphonen (1820).

Die Messen der Jahre 1815/16 (in G-Dur, B-Dur und C-Dur) sind den Möglichkeiten kleinerer Chöre angepasst und werden von den Kirchen der Wiener Umgebung und später ganz Niederösterreichs gern aufgeführt. Bedeutsam ist, dass Schubert

Die F-Dur-Messe zeigt, wie Schubert alles daran setzt, ein repräsentatives Werk, eine Art »Gesellenstück« vorzulegen. Zu ihren Vorbildern gehören die späten Messen Haydns, die er als Hofsängerknabe kennenlernte, aber auch die Beethovensche C-Dur-Messe op. 86 mit ihrer sinfonischen Orchesterbehandlung. Das Werk berührt durch seine innige Melodik und beeindruckt durch die souveräne Beherrschung der traditionellen Messformen Kyrie, Gloria, Credo usw. Die große Fuge am Ende des Gloria und die Kanonführung im Benedictus zeugen darüber hinaus von einer erfolgreichen Auseinandersetzung mit der Polyphonie unter Anleitung Salieris. Auch die Instrumentierung trägt mit dem verstärkten Einsatz von Bläsern (darunter drei Posaunen) dem feierlichen Anlass einer Hundertjahrfeier Rechnung.

In die Zeit der ersten Messe-Aufführung fällt noch ein ganz anderes, persönliches Erlebnis: Schuberts große Jugendliebe, Therese Grob. Die stimmbegabte Sechzehnjährige singt in der Messe die Sopranpartie. Ihre früh verwitwete Mutter betreibt in Lichtental, in der Nähe der Kirche, ein Seidenwebergeschäft. Holzapfel beschreibt Therese als »keine Schönheit, aber gut gewachsen, ziem-

auch Musik auf deutsche Texte komponiert, z. B. das Salve Regina (»Sei, Mutter der Barmherzigkeit, sei Königin gegrüßet«) im schlichten vierstimmigen Satz. Das Stabat mater entsteht zur Karwoche 1816 nach einem protestantischen Text von Klopstock. Dieses Werk trägt erstmals Bekenntnischarakter: Im Mittelpunkt steht Jesus Christus, der die Lasten der Menschheit trägt. Der erste Satz, ein Largo-Trauermarsch in f-Moll mit schmerzlich-dissonanter Stimmführung und Posaunenbesetzung, gemahlt an Pergolesis Stabat mater. Das zweiteilige Werk hat zwölf Nummern. Im ersten Teil dominieren die Leiden Christi, im zweiten die der Menschen, die durch Mitleiden zu Brüdern werden. Den Höhepunkt bilden zwei Fugen: Die erste schließt im hymnischen Unisono, doch das Thema der Schlussfuge (»Amen«) mit Tritonus, kleiner Septime und schmerzlicher Durchführung kann die Befreiung nicht recht bringen.

Zu Schuberts früher Kirchenmusik gehören auch mehrere Tantum ergo sowie Lieder religiösen bzw. biblischen Inhalts.

lich voll, ein frisches kindliches Rundgesichtchen, sang fertig mit schöner Sopranstimme auf dem Chore im Liechtenthal«. Möglich ist, dass Schubert im Hause Grob verkehren darf und mit Therese musiziert: Sie singt, dazu begleitet er am Klavier. Schubert verbirgt seine Gefühle vor dem Vater und den Freunden, aber der Gedanke an eine Heirat mit Therese nimmt immer mehr Gestalt an. Doch wie sollte Schubert als armer »Schulgehülf« eine Familie gründen und für die Nachkommen sorgen?

Exkurs: Das frühe Lied
Das Erlebnis der Liebe weckt in Schubert nicht nur Gefühle von ungeahnter Tiefe, sondern verleiht auch seinem schöpferischen Drang ganz neue Dimensionen. Die Jahre 1814 bis 1816 bilden so die erste große Schaffensphase des Komponisten. In dieser Zeit entstehen unter anderem zahlreiche Lieder, weitere vier Sinfonien und die Singspiele ›Fernando‹, ›Der vierjährige Posten‹ und ›Die Freunde von Salamanka‹. Unfassbar ist, wie Schubert diese Arbeitsleistung neben Schuldienst, Musikunterricht und Kompositionsstunden bei Salieri vollbringen konnte. Die musikalischen Eingebungen kommen

›Erlkönig‹
Schuberts Ballade ›Erkönig‹ zählt zu den bekanntesten und dramatischsten Liedern des Komponisten. Sie entsteht 1815, wird jedoch erst 1821 gedruckt. Der Text stammt von Goethe, der ihn 1782 für das Singspiel ›Die Fischerin‹ schrieb. Zu den Merkmalen des ›Erlkönigs‹ gehört – wie auch bei anderen Balladen – die Neigung zum »Romantisch-Wunderbaren«, zum »Mysteriosen« (Goethe). Das Werk erscheint trotz der verschiedenen, wechselnden Episoden wie aus einem Guss. Seine Grundlage bildet eine charakteristische, hämmernde Klavierbegleitung – vibrierende Triolenketten mit einer auf- und absteigenden Bassfigur, die den Ritt durch Nacht und Sturm nachbilden. Darüber eilen die gespenstigen Bilder als Ausdruck übermächtiger, dämonischer Naturgewalten hinweg.
Der ›Erlkönig‹ folgt dem Prinzip der Solokantate, d. h. dem Wechsel von rezitativartigen und arien- bzw. liedhaften Teilen. Der Inhalt gliedert sich in vier Ebenen, die durch vier Personen

schneller, als sie verarbeitet und niedergeschrieben werden können. Doch in keinem Bereich finden die neuen Seelenkräfte ihre Gestaltung deutlicher als im Lied. Schubert komponiert nun täglich mehrere, mitunter bis zu acht, neun Liedern.

Schuberts Lied, das im Mittelpunkt seines Schaffens steht, wird zu Recht als Beginn des modernen Klavierliedes bezeichnet. In den Jahren 1814 bis 1816 komponiert er rund zweihundert Lieder, deren Fülle poetischer Erfindung und Formgestaltung einzigartig ist. Bereits jetzt strebt er danach, das gesamte menschliche Dasein im Lied einzufangen.

Schubert greift auf zahlreiche Liedtraditionen zurück: Schon in der zweiten Hälfte des 18. Jahrhunderts, der Sturm-und-Drang-Zeit, stellte Herder, im Gegenzug zur »Vernünftelei« der Frühaufklärung, das Ideal der Natürlichkeit, des »unverfälschten menschlichen Wesens« in den Vordergrund. Zum Vorbild wird das schlichte, volksliedhafte Strophenlied, wobei die Herausarbeitung einer Grundstimmung wichtig ist, nicht die Details. Die Berliner Liederschule, die diese Auffassung vertritt (Johann A. P. Schulz, Carl F. Zelter, Friedrich Reichhardt),

vertreten werden: Erzähler, Vater, Kind und Erlkönig. Der Erzähler berichtet objektiv und beschreibt die Situation. Der von den Geschehnissen entsetzte Vater sieht nur »Nebelstreifen« und »graue Weiden«, sucht dem Kind die Fieberphantasien auszureden. Das verwirrte Kind dagegen vernimmt in rasender Angst die lockende Aufforderung des Erlkönigs, ihm in sein Reich – das Reich des Todes? – zu folgen. Der gegensätzliche Charakter dieser vier Ebenen wird auch musikalisch widergespiegelt: Geht der Vater auf die Phantasien des Kindes ein, geschieht dies rezitativisch. Der Erlkönig tritt »verführerisch«, mit kleinen, in sich gerundeten Liedpartien im freundlichen B-Dur / C-Dur auf. Dazu kommen beängstigende »Schreie« des Kindes in schneidenden kleinen Sekunden (cis-Moll), die gegen Ende ermatten. Der Schluss gehört noch einmal dem Erzähler – wenn der Vater den Hof erreicht, Melodie und Triolenbegleitung verstummen und der Sprechgesang einsetzt: »In seinen Armen das Kind war – tot«.

fordert Natürlichkeit, Eingängigkeit, Betonung der Singstimme und einfache Begleitung. Dazu kommt noch die
kompositorisch differenziertere Wiener Liederschule mit
Liedern, in denen virtuose Gesangsornamente, Auswei-
chungen in fremde Tonarten, Tonmalerei und Tonsymbo-
lik (in der Begleitung) dominieren.

Die Vielgestaltigkeit von Schuberts Liedern ist schon
jetzt, in der Frühperiode, ungeheuer. Schuberts Freunde,
darunter Spaun und der junge, neu dazugekommene
Dichter Johann Mayrhofer (1787–1836) bringen ihm immer neue klassische und zeitgenössische Gedichte. Besonders Mayrhofer wird für Schubert wichtig, der die
Auseinandersetzung mit Goethe und mit der klassischen
Antike fordert. In Schuberts Goethe-Vertonungen begegnet man sowohl tiefempfundener Lyrik als auch größter
Dramatik, wie in den Liedern ›Erlkönig‹ und dem un-
mittelbar nach der Lichtentaler Messe-Aufführung entstandenen ›Gretchen am Spinnrade‹ (nach ›Faust‹). Von
Goethe kommen über dreißig Gedichte zur Vertonung,
unter vielen anderen z. B. ›Nachtgesang‹, ›Sehnsucht‹
und ›Schäfers Klagelied‹ (1814), ›Rastlose Liebe‹, ›Heidenröslein‹ und ›Kennst du das Land‹ (1815). Daneben
vertont Schubert zahlreiche andere Gedichte: Diskretion
und Zurückhaltung des Gefühls kennzeichnen die ›Klopstock-Oden‹; Lieder nach Peter Uz und Ludwig C. Hölty
führen dagegen in die heitere, sinnenfrohe Welt des grie-
chischen Dichters Anakreon. Dazu kommen Lieder nach

›Rastlose Liebe‹
Schuberts Lied ›Rastlose Liebe‹, komponiert im Mai 1815, ist von
jugendlichen Gefühlsstürmen erfüllt und fesselt besonders durch
seine dramatisch-vorantreibende Grundhaltung. Der Text stammt
wiederum von Goethe, ein Gedicht, das er 1776 jung verliebt für
Charlotte von Stein schrieb. Die Form des Liedes ist dreiteilig,
mit variiert wiederkehrendem Schlussteil (ABA'). Die Grenzen
der (kontrastierenden) Teile sind dennoch fließend, um die Einheit des Grundaffekts zu wahren.

Bereits die erste Strophe »Dem Schnee, dem Regen, dem Wind
entgegen«, im traumentrückten E-Dur, gibt plastisch, eindrucks-
voll das Liebesdrängen wieder. Typisch für den Gesangspart sind

Texten von Ossian, Claudius, Körner, Matthisson, Schubart, Collin, de la Motte-Fouqué und Metastasio. Nicht zu vergessen sind Vertonungen der Texte aus dem Freundeskreis, darunter fünfzig von Mayrhofer, z. B. die ›Antikenlieder‹ (›Philoktet‹, ›Memnon‹, ›Antigone‹ und ›Oedip‹).

Bereits in der ersten Liedperiode (bis 1816) beherrscht Schubert die gängigen Formen des Liedes: Ballade, einfaches und durchkomponiertes Strophenlied. Zahlreiche Strophenlieder entstehen nach dem Vorbild der Berliner Schule. Bald bilden das Strophenlied und das durchkomponierte Lied eine Synthese: das variierte Strophenlied, eine Form, die der Komponist später zu höchster Vollendung führt. Auch die Klavierbegleitung spielt eine wichtige Rolle, besonders zur Ausmalung des Liedinhalts und zur Bestimmung des jeweiligen Grundaffekts.

Neben Einzelliedern komponiert Schubert auch Liederzyklen, Liedergruppen und Liederfolgen. Liederzyklen folgen der Textanordnung des Dichters, und ihre Lieder sind inhaltlich miteinander verwandt, manchmal auch musikalisch (d. h. motivisch, tonartlich usw.). Die Zyklen der ersten Periode sind z. B. die ›Gesänge des Harfners‹ aus Goethes ›Wilhelm Meister‹, die ›Sieben Lieder nach Ludwig T. Kosegarten‹ oder die ›Klopstock-Oden‹. Die Goethelieder ›Am Flusse‹, ›An Mignon‹ und ›Nähe des Geliebten‹ bilden dagegen eine Liedergruppe. Dazu kommen Liederfolgen loseren Zusammenhangs, z. B. die Folge ›Der Rattenfänger‹, ›Der Schatzgräber‹ und ›Heiden-

die »offen« endenden, immer weiterführenden Zweitaktfolgen, dazu kommt die unaufhörlich treibende Sechzehntel-Bewegung der Klavierbegleitung. Den Kontrast bildet die ins Meditative führende Mittelstrophe, deren Zentrum »Freuden des Lebens« – nun ruhiger – nach G-Dur moduliert, bei Temporücknahme der Sechzehntel-Begleitung zu Achteltriolen. Doch schon bald wird diese »Insel der Ruhe« wieder verlassen: »Wie, soll ich flieh'n? Wälderwärts ziehn?« heißt es zum Ende des Mittelteils, der in die dritte Strophe und damit zum Drängen des Anfangs zurückführt. Doch jetzt wendet sich das Geschehen ins Freudig-Optimistische: Noch einmal wird die »rastlose Liebe« besungen, nun überhöhend als die »Krone des Lebens«.

röslein‹ (Goethe), ›Des Mädchens Klage‹, ›Der Jüngling
am Bache‹ (Schiller), ›An den Mond‹ (Hölty) usw.

Fron des Hilfslehrerdaseins. Enttäuschungen

Schuberts Schaffensrausch – mit dem Ergebnis einer solchen Liederfülle – mischt sich bald und zunehmend die
Ernüchterung bei. Die Fron des Hilfslehrerdaseins wird
ihm immer mehr bewusst, wird zum Hemmnis schöpferi-
scher Tätigkeit. Die Hauptforderung an ihn lautete doch
zu unterrichten: täglich, viele Stunden, zur Zufriedenheit
des Vaters und der Schulbehörde. Schubert spürt, wie
sein Tun kontrolliert und argwöhnisch verfolgt wird. Er
weiß, dass ihn die Schulaufsicht überraschen könnte,
schlimmstenfalls im Klassenzimmer. Unvorstellbar, wenn
man dann die Notenblätter entdecken und dem Vater
zeigen würde. Der Achtzehnjährige ist hoffnungslos. Wie
lange, denkt er, ist dieses Leben so durchzuhalten: tagsü-
ber das Unterrichten unter miserablen Bedingungen, und
abends bzw. nachts das Komponieren?

Mit dem Widerwillen gegen das Lehrerdasein nehmen
auch die häuslichen Spannungen wieder zu. Der Vater
hatte gehofft, dass sich Franz in die Verhältnisse fügen
würde. Hing er noch immer der Illusion nach, vom Komponieren leben zu können? Dazu kommt Schuberts zweites Problem: Therese. Die Liebe zwischen beiden hat sich
inzwischen gefestigt, das Mädchen wartet. Doch zugleich
schwindet die Hoffnung, in so aussichtsloser Lage je heiraten zu können.

Die Abhängigkeit vom Vater und die Angst, Therese zu
verlieren, veranlassen Schubert im April 1816 zu einem

Hochlöbl. k.k. Stadthauptmannschaft!
Unterzeichneter bittet unterthänigst, ihm die erledigte Musik-
Director-Stelle zu Laibach in Gnaden zu verleihen.
Er unterstützt seine Bitte mit folgenden Beweggründen:
1. Ist er ein Zögling des k.k. Convicts, gewesener k.k. Hofsängerknabe, und in der Composition Schüler des Herrn von Salieri …
2. Hat er sich in jedem Fache der Composition solche Kenntnisse
und Fertigkeit in der Ausübung auf der Orgel, Violin u. im Sin-

Verzweiflungsschritt: Nach einem Inserat in der ›Wiener Zeitung‹ bewirbt sich der Neunzehnjährige um die Stelle eines Musiklehrers an der neu gegründeten Musikschule Laibach (Ljubljana). Die Schule sucht einen Sänger, der auch die Orgel und die Violine beherrscht. Die Konkurrenz ist groß; über zwanzig Bewerbungen liegen vor, darunter drei aus Wien.

Schubert, dessen Hoffnungen schwinden, begreift inzwischen die Realität. Nur wenn er mit seinen Kompositionen Geld verdient, kann er versuchen, sich als freier Künstler durchzuschlagen. Das hieß für ihn: ein Verleger musste gefunden werden, der sich seiner Lieder annahm, der sie druckte und veröffentlichte.

Das musikalische Verlagswesen hatte sich seit dem Jahrhundertbeginn stürmisch entwickelt. Viele Komponisten wenden sich nun mit ihren Werken an die Öffentlichkeit, womit die Bedeutung der Verlage wächst. Zu den ersten Musikverlagen Wiens gehört Artaria & Co.(1778), dem bald weitere Unternehmen folgen, z. B. Steiner (1809), Pietro Cappi (1816; später Cappi & Diabelli) und Haslinger (1826). Doch die Verleger arbeiten gewinnorientiert, zahlen wenig Honorar und gehen keinerlei Risiko ein. Profite garantieren nur Namen, die dem Publikum bekannt sind: Mozart und Beethoven, Scarlatti oder der Klaviervirtuose Hummel. Intensiver noch wird die Verbreitung beliebter Arrangements gefördert, und die einer Flut von Stücken billiger Tanz- und Unterhaltungsmusik.

Spaun, der dem Ratsuchenden zur Seite steht, macht den Vorschlag, die ersten Lieder nach Textdichtern geordnet auf den Markt zu bringen. Daraufhin werden

gen erworben, daß er laut beiliegenden Zeugnisses unter allen um diese Stelle nachsuchenden Bittwerbern als der Fähigste erklärt wird.
3. Gelobet er, die bestmögliche Verwendung seiner Fähigkeiten, um einer gnädigen Bittgewähr vollkommen zu entsprechen.
Franz Schubert
Schubert an die Wiener Stadthauptmannschaft, April 1816

sechzehn Goethelieder, ›Gretchen am Spinnrade‹, ›Der König in Thule‹, ›Rastlose Liebe‹, ›Heidenröslein‹ u. a., zusammengestellt und zu Goethe nach Weimar geschickt. Dazu kommt ein Begleitschreiben, in dem darum ersucht wird, dem Dichter die Sammlung widmen zu dürfen, was die Aufmerksamkeit der Verlage wecken soll. Schubert wartet ungeduldig und hoffend auf Antwort. Aber der Geheimrat zeigt offenbar kein Interesse an Vertonungen seiner Gedichte. Die Lieder kommen kommentarlos zurück.

Inmitten der Ratlosigkeit kommt Anfang Juni der Zufall zu Hilfe: ein Kompositionsauftrag! Zu Ehren des Wiener Rechtsgelehrten Heinrich Watteroth ist die Aufführung einer ›Prometheus-Kantate‹ geplant. Schubert schöpft neue Hoffnung und macht sich sogleich an die Arbeit. Das Werk ist in kürzester Zeit fertig gestellt und wird am 24. Juli unter seiner Leitung aufgeführt. Die Veranstaltung wird ein großer Erfolg und bringt – überraschend lukrativ – einhundert Gulden. Stolz notiert er ins Tagebuch: »An diesem Tage komponierte ich das erste Mal für Geld«.

Der Sommer geht zur Neige, dann kommt die Nachricht aus Laibach: Noch einmal Bangen und Hoffen, denn man hatte ihn in die engere Wahl gezogen. Doch kurz darauf, am 7. September, fällt die Entscheidung auf einen anderen Bewerber.

Nach dieser Enttäuschung versucht Schubert, Kontakte zu Verlagshäusern aufzunehmen. Am Anfang steht der Wiener Verlag Artaria. Mehrere Streichquartette werden eingereicht und mit den Worten signiert: »Franz Schu-

Dass **Goethe** auf Schuberts Lieder nicht reagierte, konnte verschiedene Gründe haben. Der Geheimrat war stets überbeschäftigt und wurde, besonders in späteren Jahren, andauernd mit Bitten um Meinungsäußerung, Widmungsanträgen u. a. konfrontiert. Möglich ist auch, dass er die Lieder gar nicht erhielt, oder dass er deren Beurteilung anderen überließ. Goethes Musikinteresse ist zudem – angesichts seines Lebenswerkes – von untergeordneter Bedeutung. Lieder, soll er gesagt haben, müssten v. a. schlicht-sangbar sein (Berliner

bert, Schüler des Herrn Salieri«. Doch Artaria reagiert abweisend und schickt die Stücke zurück mit dem Vermerk, dass »Schülerarbeiten« nicht in den Druck gelangten. Zu einem weiteren Versuch kommt es im Frühjahr 1817. Spaun hatte vorgeschlagen, den ›Erlkönig‹ an den berühmten Verlag Breitkopf & Härtel nach Leipzig zu schicken. Auch diese Aktion misslingt, denn in Dresden gab es noch einen anderen Komponisten, der Franz Schubert hieß. Der Verlag, der den ›Erlkönig‹ inzwischen erhalten hatte, vermutet, dass da ein Neuling Namensmissbrauch betrieb – und schickt die Partitur nach Dresden weiter. Der »sächsische« Schubert, ein Kirchenkomponist, reagiert empört: »... Noch muß ich Ihnen mitteilen, daß ich vor ungefähr zehn Tagen ... einen Brief erhalten, wo mir dieselben ein von mir sein sollendes Manuskript, den Erlkönig von Goethe, überschickten. Zu meinem größten Erstaunen melde ich, daß diese Kantate niemals von mir komponiert worden; ich werde selbige in meiner Verwahrung behalten, um zu erfahren, wer dergleichen Machwerk (!) an Ihnen auf eine so unhöfliche Art übersendet hat, und um auch diesen Patron (!) zu entdecken, der meinen Namen so mißbraucht ...« Schubert macht die Erfahrung, ein Unbekannter zu sein.

Exkurs: Schuberts Jugendsinfonien
In den Jahren 1815/16 beschäftigt sich der junge Schubert neben dem Liedschaffen auch mit der sinfonischen Form. Bereits im Stadtkonvikt war ja »der Abend täglich der Aufführung einer vollständigen Sinfonie ... gewidmet«,

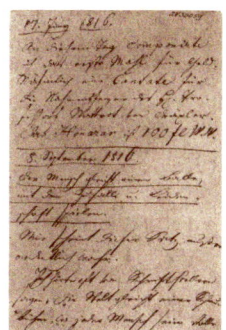

Schule) und ohne ausgebildete Stimme, differenzierte Begleitung usw. vorgetragen werden können. Jahre später erhielt Goethe die Gelegenheit, den ›Erlkönig‹ zu hören; sein Urteil war durchaus positiv.

13 Tagebucheintrag Schuberts vom 17. Juni 1816

insbesondere von den Klassikern Haydn, Mozart und dem frühen Beethoven. Nach der ersten Sinfonie (1813) ist auch die zweite in B-Dur (komponiert Ende 1814 bis Anfang 1815) für das Konviktorchester bestimmt, mit dem sie (wahrscheinlich) zur Aufführung gelangte. Beeindruckte Schuberts »Erste« durch frühe Meisterung der klassischen Form, so trägt die »Zweite« trotz des Mozart-Beethoven-Vorbilds schon unverkennbar persönliche Züge. Das Hauptthema des Kopfsatzes erinnert noch an Beethovens ›Prometheus-Ouvertüre‹, doch das Seitenthema bringt nun zum ersten Mal den neuen, schwärmerisch-weichen Liedton, der das Schubertsche Werk so unverkennbar macht. Der poetische Ton findet sich auch im langsamen zweiten Satz wieder, in Variationen über eine Liedmelodie, die an eine Arie aus dem ›Don Giovanni‹ erinnert.

Die dritte, im Mai/Juli 1815 entstandene Sinfonie ist für das aus dem »Familienquartett« hervorgegangene Liebhaberorchester bestimmt, in dem der Achtzehnjährige die Bratsche spielt. Die Musiker, die sich anfangs bei Schuberts, später in größerer Zahl im Hause des Burgtheater-Mitglieds Otto Hatwig zusammenfinden, sind Beamte, Kaufleute und Lehrer. Man spielt die Klassiker, aber auch

14   Franz Schubert. Miniatur
von Robert Theer, 1829

französische Meister wie Méhul oder Cherubini. Schuberts »Dritte«, die hier zur Aufführung kommt, ist nun schon von erstaunlicher Reife. Dies bezeugt die bewusste thematische Beschränkung und die dafür um so sorgfältigere, detailliertere musikalische Verarbeitung. Doch jetzt kommt ein weiteres für Schubert typisches Moment hinzu: die intensive Nähe zur Volksmusik, die Bereicherung der klassischen Heiterkeit um das gemütvolle, naturverbundene »Wienerische«. Bereits das Hauptthema des ersten Satzes mit seinen naturhaften Holzbläser-Rufen kündet davon, das Menuett mit seinem übermütig »stampfenden« Mittelteil ebenfalls. Meisterhaft ist dazu das Presto-Finale gestaltet, charakterisiert durch stürmische Tarantella-Rhythmen, häufige Kontraste und kühne harmonische Rückungen.

Mit dem Auftreten Beethovens als Sinfoniker werden die Kunstform der klassischen Sinfonie und ihre neue inhaltliche Bedeutung festgelegt. Beethoven ist es, der die Sinfonie zum »Bekenntniswerk« erhebt, in dem sich die großen Menschheitsideale widerspiegeln. Auch der neunzehnjährige Schubert ist von dem »Riesen« Beethoven fasziniert, der dem Menschen »Feuer aus dem Geiste« schlagen will, und hat die Vorstellung, dem nachzueifern. Daher ist es kein Wunder, dass die kurz nach der »Dritten« – Anfang 1816 – entstandene »Vierte« in c-Moll (die »Tragische«) nun den Versuch darstellt, eine Sinfonie im Sinne Beethovens zu komponieren. Der erste Satz beginnt mit einer langsamen, düsteren Einleitung, dem ein stürmisches Allegro vivace folgt. Allerdings hält der »tragische« Grundton, der nur ein pathetischer ist, nicht

Das **Hatwigsche Orchester** zählte zu damaliger Zeit 35 Mitglieder, darunter 9 Holzbläser, 4 Blechbläser und 21 Streicher. Schubert war von Anfang an Mitglied des Ensembles, für das er die vierte, fünfte und sechste Sinfonie, dazu die Ouvertüre im italienischen Stil D 590 (oder D 591) schrieb. Damit ist es wahrscheinlich, dass er nicht nur die Sinfonien Nr. 1 – 3 mit dem Konviktorchester (als Geiger) selbst einstudieren und hören konnte, sondern auch die späteren Jugendsinfonien.

vor; schon der Kopfsatz verklingt im breitstrahlenden C-Dur. Auch die folgenden Sätze künden kaum von echter, »durchlebter« Tragik. Die Themen und deren Verarbeitung bleiben dem Konventionellen verhaftet – sogar im Finale, das nach knapper Beethoven-Geste ins Problemlose, Unverfängliche gerät.

Mit der vierten Sinfonie, die Schubert selbst nicht befriedigt, ist ein Grundproblem des jungen Komponisten berührt: die Erkenntnis, dem verehrten Beethoven-Vorbild nicht geradlinig folgen zu können. Schuberts Musikempfinden – dies wird nach der »Vierten« deutlich – ist anders geartet, ist nicht vorwärts drängend, aktiv-kämpferisch und der sinfonischen Auseinandersetzung verpflichtet, sondern eher lyrisch dem Stimmungsvollen, dem »Augenblick« zugewandt. Die Themen neigen im Gegensatz zu Beethoven zu liedhafter Rundung, zu »flächigem Verweilen«. Spätestens nach der c-Moll-Sinfo-

nie ist sich der Komponist darüber im Klaren, dass er diesen Weg weitergehen muss.

Schon im selben Jahr, im September 1816, komponiert Schubert die fünfte Sinfonie in B-Dur. Nach dem Scheitern des Beethoven-Experiments kehrt er dorthin zurück, wo er anknüpfen und fortsetzen will: zu Mozart. Die »Fünfte« ge-

15 Wolfgang Amadeus Mozart. Gemälde von Saverio Della Rosa, 1770

hört als vorläufige »sinfonische Quintessenz« heute zu den
beliebtesten des Komponisten. Das Werk bezaubert durch
seinen freundlich-liebenswürdigen Ton und einen hellen,
schwebenden Klang. Zugleich fasst es die Hauptmerkmale
der »Jugendsinfonien« zusammen. Dazu gehören der neue
poetische Liedton, Gemüt und Charme der österreichischen
Volksmusik, das frische, unbekümmerte »Heraussingen«
der Themen, eine eigenwillige Form und eine kühne, far-
bige Harmonik.

Zwischen 1810 und 1816
komponiert Schubert auch
elf Streichquartette, die z. T.
von früher, ganz erstaunlicher Meisterschaft künden.
Die Quartette sind für das
Musizieren in der Familie
bestimmt, mit Ferdinand,
Ignaz (beide Violine) und
dem Vater (Violoncello),
während er selbst die Bratsche spielt. Die frühen
Quartette sind Jugendwer-
ke, was in ihrer unbeküm-

mert-frischen, musizierfreudigen Haltung und der (teil-
weisen) Haydn- und Mozartnähe zum Ausdruck kommt.
Kompositorisch jedoch nehmen sie, zumindest ansatz-
weise, den Reifestil des Spätschaffens vorweg. Besonders
die Kopfsätze, häufig mit differenzierten Strukturen, bilden das »Experimentierfeld«. Zudem begegnen schon typische Gestaltungsmittel des Spätwerkes, z. B. die macht-

16   Ludwig van Beethoven.
Gemälde von Ferdinand Georg
Waldmüller, 1823

vollen Unisoni (Stimmfortschreitungen im Einklang) oder die Tremoli im dritten Quartett. In den Quartetten Nr. 1–5 dominiert noch das Prinzip der Monothematik. Später, in den Quartetten 6 und 8, entwickelt sich aus dem Hauptthema in klassischer Sonatenmanier der Seitengedanke. Wie in den Jugendsinfonien beruht auch hier die Fortführung nicht auf dem Prinzip streng motivisch-thematischer Arbeit, sondern vielmehr auf den phantasievoll-melodischen Variantenbildungen und den eigenwillig-farbigen Harmonienfolgen. In den früheren Jugendquartetten ist der Stimmensatz noch häufig homophon, bei Melodieführung der ersten Violine. Mit den Quartetten Nr. 9, 10 und 11 (1814–1816) kommt es dann zu einem Qualitätssprung: die Stücke sind nun zunehmend kammermusikalisch durchgearbeitet, mitunter begegnet kühne Kontrapunktik, vor allem mittels Überlagerung zweier bzw. sogar mehrerer Melodien und Rhythmusverläufe. In seiner Virtuosität sowie in der Spieltechnik hebt sich das Quartett Nr. 11 schon deutlich von seinen Vorgängern ab.

›Der Wanderer‹ (D 489)

›Der Wanderer‹, dessen erste Fassung 1816 entstand, geht auf das Gedicht ›Der Unglückliche‹ des Dichters Georg Philipp Schmidt von Lübeck zurück. Im Mittelpunkt steht das Bekenntnis des Einsamen, den die Sehnsucht von Ort zu Ort treibt, dessen Suche nach Glück jedoch vergebens bleibt. Schubert hat dieses »Leitmotiv«, dessen Hintergründe biographischer Natur sind, in zahlreichen Kompositionen verwendet, zuletzt in den Liederzyklen ›Die schöne Müllerin‹ (1823) und in der ›Winterreise‹ (1827).

Der erste Vers des ›Wanderers‹ (»Ich komme vom Gebirge her«) kündet den Fremden rezitativisch an. Der zweite Vers bringt die tiefmelancholisch gefärbte Mollweise »Die Sonne dünkt mich hier so kalt«: acht Takte, die vom klagenden cis-Moll ins traumentrückte E-Dur führen. In den Versen 3 und 4 (»Wo bist du, mein geliebtes Land ?«) kommt es zu dramatischen Steigerungen, zunächst mit punktierten Rhythmen, später im vorantreibenden 6/8-Takt. Doch erst der Schlussvers findet fatalistisch Antwort: »Dort, wo du nicht bist, dort ist das Glück!«, mit tief absinkender Melodielinie und gespenstisch fallenden Oktavgängen des Klaviers.

Flucht aus dem Schuldienst – und vom Vater.
Frühe Klaviersonaten

Trotz vergeblicher Bemühungen Schuberts, die ersten Kompositionen zu veröffentlichen, trifft er im Herbst 1816 die Entscheidung, den Schuldienst zu quittieren und die väterliche Wohnung zu verlassen. Das Unterrichten ist ihm zur Qual geworden, und auch die Bevormundung durch den Vater, der inzwischen wieder geheiratet hat, ist unerträglich. Daher nimmt er das Angebot eines Freundes, Franz von Schober, an, zu ihm in die Innere Stadt zu ziehen.

Der gebürtige Schwede Franz von Schober (1798–1882) ist 1815 nach Wien gekommen und studiert dort Jura. Bald gibt er auf, um sich nur noch der Dichtung, dem Schauspiel und dem Zeichnen zu widmen. Schober ist stets wortführend und Prototyp eines Bohemiens: einerseits begabt, geistreich und begeisterungsfähig, andererseits aber auch ein Blender, der sich darauf versteht, zu imponieren. Dennoch tritt er als treuer, finanziell großzügiger Freund auf, von dem gerade Schubert profitieren wird.

In der dramatischen Musikszene des ›Wanderers‹ verschmelzen verschiedene Bilder. Im Zentrum steht der zweite Vers, der bereits genannte, festumrissene Achttakter:

Die statisch-floskelhafte Singstimme gibt das Bild des »Unabänderlichen« wieder, der »Wanderer-Schreitrhythmus« des Klaviers versinnbildlicht dagegen die Durchbrechung dieser Grenze – ins Reich der Erlösung, vielleicht in den Tod.

Auch Schubert fühlt sich im Jahr 1816 als »Wanderer«, als Suchender, der überall abgewiesen wird.

1817 ist das Jahr, in dem sich Schubert nun erstmals intensiver der Gattung Klaviermusik zuwendet (möglicherweise hatte er die Gelegenheit, das Klavier im Hause Watteroths zu nutzen, wo die ›Prometheus-Kantate‹ aufgeführt wurde). Schuberts erstes Klavierstück stammt aus dem Jahr 1812: ein Andante in C-Dur (D 29), das formal schon eigene Wege geht. Dann folgt 1815 der zweite Vorstoß. In dichter Folge komponiert er die ›Zehn Variationen in F-Dur‹ (D 156), ein Adagio (D 178), ›Drei Klavierstücke‹ (D 459 A), eine Reihe von Tänzen und anderes. Schon früher hatte er mit der Klaviersonate als Form experimentiert, und nun wendet er sich erneut dieser Gattung zu. Die ersten vier Sonaten entstehen: in a-Moll (D 537), As-Dur (D 557), Des-Dur (D 567) und in H-Dur (D 575). Die im März geschriebene a-Moll-Sonate (D 537) ist nach mehreren »Versuchen« (Fragmenten) das erste

vollständige Werk. Bereits der Kopfsatz zeigt, wie Schubert dem Klassik-Vorbild die eigene Individualität aufprägt. Nicht die dramatische Entwicklung, nicht die klassische, motivisch-thematische Arbeit stehen im Vordergrund, sondern vielmehr das stimmungsmäßige, melodisch-

17 Gioacchino Rossini (1792–1868). Daguerreotypie

Gioacchino Rossini (1792–1868), italienischer Opernkomponist, debütierte bereits 1812 an der Mailänder Scala. Zu seinen ersten Erfolgen gehören ›Tancredi‹, ›Il signor Bruschino‹ und ›Le italiane in Algeri‹ (1813), sowie ›Der Barbier von Sevilla‹ (1816). Neben Rossinis spritzi- ger Musik fasziniert bis heute die Kunst der musikalischen Darstellung komischer Szenen und Charaktere.

harmonische »Ausspielen« der Themen, eine Vielzahl farblicher Überraschungen. Auch das Liedthema des zweiten Satzes produziert immer neue Bilder, vom hellen Es-Dur über C-Dur, F-Dur bis hin zum verschatteten d-Moll. Diese Tendenz bestätigt sich im Finale, in dem ein lyrischer Seitengedanke in immer neuer Gestalt auftritt. Noch kühner gibt sich die im August entstandene H-Dur-Sonate (D 575), vor allem aufgrund der ungewöhnlichen Tonartenfolge im ersten Satz. Der klassisch-satzgliedernde Harmonienablauf tritt auch hier zurück, Klänge und Akkorde dienen ganz als »Farbwerte«. Dieses Werk nimmt schon die impressionistische Farbigkeit des späten 19. Jahrhunderts vorweg.

1817 ist auch das Jahr, in dem der junge Rossini in Wien Triumphe feiert. Bereits 1816 wurden am Kärntnertortheater die Opern ›L'inganno felice‹ und ›Tancredi‹ aufgeführt, am Theater an der Wien sogar in deutscher Übersetzung. Auch Schubert, der ›Tancredi‹ möglicherweise gesehen hat, ist von dem leichten, eleganten Stil fasziniert. Unter diesem Einfluss entstehen die sechste Sinfonie C-Dur (1817/18) und die beiden ›Ouvertüren im italienischen Stil‹. Brillanz und Geschmeidigkeit stehen in der »Sechsten« vornan, doch die Kunst der motivischen Arbeit, die imitatorische Verwebung der Motive zu immer ausgeweiteterer Klangfülle gehen schon weit über Rossini hinaus. Der Geist des Italieners ist besonders in den Sätzen 2 und 4 spürbar, sowohl in der Struktur (Ouvertürenform A–B–A–B) als auch in Melodiebildung und Instrumentierung. Noch populärer sind die beiden

Den Anfang machte eine Ouvertüre auf zwei Fortepiano für 8 Hände, von Franz Schubert, ... Ref. glaubt hier, als an seinem Platze, auf den jungen Künstler, Hrn. Schubert, vorzüglich aufmerksam machen zu müssen; da er schon öfter Gelegenheit hatte, seine reichen Anlagen zu bewundern. Ein tiefes Gemüt, geregelte, unumwundene Kraft und ansprechende Lieblichkeit bezeichnen jede seiner kleineren und größeren Kompositionen ...
Aus der ›Wiener Allgemeinen Theaterzeitung,
24. März 1818, F.v.S. (Franz v. Schlechta)

spritzig-eleganten ›Ouvertüren im italienischen Stil‹
D-Dur und C-Dur. Diese
Stücke zeichnen sich aus
durch ihre kurzen, schlag-
kräftigen Themen, den fe-
dernd-zündenden Rhyth-
mus und die mitreißenden
Crescendi. Angeblich sind
sie nach einer Wette ent-
standen: Der junge Kom-
ponist besucht mit Freun-
den die Oper ›Tancredi‹
und versichert, durch die
Lobeshymnen auf Rossinis Ouvertüren provoziert, »derlei
Ouvertüren … binnen kürzester Zeit niederzuschreiben« –
was er auch tut. Die Uraufführung der C-Dur-Ouvertüre
findet am 1. März 1818 im Saal des Hotels »Zum römischen Kaiser« statt – Schuberts erster öffentlicher Auftritt
als Komponist. Die ›Wiener Allgemeine Theaterzeitung‹
äußert sich lobend über die »wunderliebliche Ouvertüre«
und bemerkt: »Obwohl das Thema befremdend einfach
war, entwickelte sich aus demselben eine Fülle der über-
raschendsten und angenehmsten Gedanken, mit Kraft
und Gewandheit ausgeführt.«

Die geniale Idee

Der Sommer 1817 neigt sich, und noch immer steht Schubert vor dem Problem, einen Weg in die Öffentlichkeit zu
finden. Alle Versuche, Lieder drucken zu lassen und

18   Johann Michael Vogl.
Ölbildnis nach Leopold Kupelwieser gemalt von Julius Fargel,
1840

Geld zu verdienen, sind fürs Erste gescheitert. Die Musikverleger interessieren sich nicht für einen Unbekannten. Gefragt sind die Sinfonien und Konzerte Haydns, Mozarts und Beethovens, die Ouvertüren Rossinis, Stücke des Modekomponisten Krommer oder Leichteres: Walzer, Menuette und Ländler. Außerdem ist die Gattung »Lied« noch keineswegs etabliert. Völlig abwegig scheint es da, mit Liedern tiefere Inhalte vermitteln zu wollen.

Schubert kommt daher zwangsläufig zu folgender Erkenntnis: Will er in Wien bekannt werden, dann muss ein Sänger gefunden werden, der seine Lieder mit ganzer Überzeugung vorträgt. Doch wer setzt sich für einen jungen, ungewandten Komponisten ein?

Schubert und seine Freunde fassen Johann Michael Vogl (1768–1840), Bassist am Kärntnertortheater, ins Auge. Der knapp fünfzigjährige Vogel, ein schon reiferer, hochtalentierter Künstler, singt die glanzvollen Partien in den Opern Glucks. Seine Liebe gilt den Klassikern, weniger der italienischen Oper mit ihrer gefälligen, virtuosen Melodik. Doch Vogl ist nicht nur Sänger, sondern auch belesen. Neben dem Englischen beherrscht er die alten Sprachen und widmet sich philosophischen Studien. Er genießt hohes Ansehen, und in seiner Wohnung versammeln sich Adelige und Künstler. Allerdings ist der Mann auch ein Hagestolz und damit für Außenstehende kaum zugänglich.

Im Herbst gelingt es Schober, mit dem Sänger ein Treffen zu vereinbaren. Spaun berichtet als Zeuge der ersten Begegnung, wie der Sänger bei Schober eintrat, »und als ihm … Schubert einen etwas linkischen Kratzfuß machte …

Johann Michael Vogl, Sohn eines Schiffmeisters, wurde in Ennsdorf bei Steyr geboren. Schon früh offenbarte sich seine sängerische Begabung, aufgrund derer er gefördert wurde. In Steyr und Kremsmünster studierte er Klavier, später kurzzeitig Jura in Wien. Franz Xaver Süßmayr, sein Studienkollege und Kapellmeister an der Hofoper, vermittelte ihm eine Anstellung als Sänger im deutschen Ensemble des Kärntnertortheaters, wo Vogl sich auch als Regisseur betätigte.

rümpfte Vogl etwas geringschätzig die Nase: ›Nun, was haben Sie denn da? Begleiten Sie mich‹, und damit nahm er das nächstliegende Blatt, enthaltend das Gedicht von Mayrhofer ›Augenlied‹ … Vogl summte mehr, als er sang, und sagte dann etwas kalt: ›Nicht übel!‹ Als ihm hierauf andere Lieder begleitet wurden, die er alle nur mit halber Stimme sang, wurde er immer freundlicher … Beim Weggehen klopfte er Schubert auf die Schulter und sagte zu ihm: ›Es steckt etwas in ihnen; aber Sie sind zu wenig Komödiant, zu wenig Scharlatan. Sie verschwenden Ihre schönen Gedanken, ohne sie breitzuschlagen‹ … Der Eindruck, den nun nach und nach die Lieder Schuberts auf Vogl machten, war ein völlig überwältigender, und er näherte sich nun oft und unaufgefordert unserem Kreise, lud Schubert zu sich, studierte mit ihm Lieder ein, und als er den ungeheuren Eindruck wahrnahm, den sein Vortrag auf … alle Kreise der Zuhörer machte, begeisterte er sich so sehr … daß er nun der eifrigste Anhänger Schuberts wurde … Nach wenigen Wochen schon sang Vogl Schuberts Erlkönig, Ganymed, den Kampf, den Wanderer etc. einem kleinen, aber entzückten Kreise vor …«

Mit der Bekanntschaft Vogls ist für Schubert der so wichtige Schritt in die Öffentlichkeit getan. Der Hofopernsänger, der schon im Begriff war, sich vom Theater zurückzuziehen, fasst den Entschluss, mit Schubert zusammenzuarbeiten und seine Lieder bekannt zu machen. Zwischen beiden wird sich eine lang andauernde Freundschaft entwickeln.

Reisejahre

Als gräflicher Musiklehrer in Zseliz

Bereits im August 1817 muss Schubert das Quartier bei
Schober wieder räumen und zum Vater zurückkehren.
Franz Theodor bekommt im Dezember eine neue, bessere
Schule in der benachbarten Rossau zugewiesen. Schubert
zieht mit und nimmt den Schuldienst für kurze Zeit, zwi-
schen Ende 1817 und Anfang 1818, noch einmal auf.

Im Sommer 1818 bietet sich durch die angenommene
Privatlehrer-Stelle die Gelegenheit, ins Ungarische zu reisen. Der in Wien ansässige Graf Esterházy hat zwei Töchter, denen Schubert vermutlich ab März Musikunterricht
gibt. Dieser soll nun in Zseliz, dem Sommersitz des Grafen, fortgesetzt werden.

Zseliz, das heute in der südlichen Slowakei liegt, ist 14
Poststationen von Wien entfernt. Noch nie ist Schubert so
weit gereist. Doch am 7. Juli besteigt er die Postkutsche
und gelangt über Hainburg und Preßburg ins Ungarische.
Mit Erleichterung, ja Glücksgefühlen sieht er aus dem
Fenster seines Gefährts ins Freie. Die Last des Unterrich-
tens ist von ihm genommen, sogar im Einvernehmen mit
dem Vater, und das Honorar ist üppig: zwei Gulden pro
Stunde, d. h. insgesamt zweihundert Gulden – fast das
Jahresgehalt seiner Hilfslehrer-Stelle.

Das 1720 erbaute Barockschloss von Zseliz liegt auf einer Anhöhe inmitten eines englischen Parks. Der Bau be-

Zu den bekannten Adelsge-
schlechtern des Habsburger-
reichs gehörte auch das der
Esterházy von Galanta. Johann
Karl (1777–1834), der Altsohl-
Linie entstammend - mit Stamm-
sitz in Preßburg (heute Bratisla-
va) –, residierte in Penzing bei
Wien sowie in einem der Wiener
Stadtpalais. Der Graf war litera-
risch und musikalisch gebildet.
Bekannt als Kunstmäzen, förderte er junge Musiker, darüber
hinaus besaß er selbst eine gute
Bassstimme. Auch seine Töchter
Marie und Caroline sollten eine
solide musikalische Ausbildung
erhalten.

steht aus einem von vier Seitenflügeln umgebenen Innenhof. Schubert schreibt voller Wohlbefinden an Schober:
»Unser Schloß ist keins von den größten, aber sehr niedlich gebaut. Es wird von einem sehr schönen Garten umgeben. Ich wohne im Inspektoriat. Es ist ziemlich ruhig,
bis auf einige 40 Gänse, die manchmahl so zusammen-
schnattern, daß man sein eigenes Wort nicht hören kann.«

Die Pflichten Schuberts beschränken sich darauf, der
sechzehnjährigen Marie und der drei Jahre jüngeren Caroline – »braven Kindern« – Klavierunterricht zu geben.
Dazu kommt das Musizieren mit der Familie, doch weitere Kontakte gibt es kaum, denn der Musiklehrer gehört
zum Personal. Nach dem Unterricht ist er frei. In dieser

19 Schloss Zseliz. Aquarell
von Adalbert Franz Seligmann,
1824

Zeit entstehen mehrere Klavierwerke, insbesondere – durch das Spiel mit den Komtessen angeregt – vierhändige Werke wie die Sonate B-Dur (D 617) und die ›Acht Variationen über ein französisches Lied‹. Die übrige Zeit verbringt er mit Spaziergängen durch den Schlosspark, zum Ufer der Gran hinunter oder zu einem nahe glegenen Waldschlösschen. Manchmal streunt er auch weiter, sieht den Bauern auf den Feldern bei der Arbeit zu. Mitunter hört er ihre ungarischen Lieder, die sich einprägen und sein Schaffen beeinflussen werden. Briefe aus der Zselizer Zeit geben Aufschluss über Schuberts Verhältnis zu den Freunden, zu den Brüdern und sogar zu den Bewohnern der Umgebung. Den Freunden bekundet er schon nach Tagen: »Wie könnte ich euch vergessen, euch, die ihr mir alles seyd! Spaun, Schober, Mayrhofer, Senn, wie geht es euch, lebt ihr wohl? … Ich lebe und componire wie ein Gott, als wenn es so seyn müßte«. Und an Ferdinand schreibt er teilnehmend: »Dir geht es nicht gut, ich wollt, ich könnte mit Dir tauschen, so wärst Du einmahl froh. Jede drückende Last würdest Du abgeworfen finden. Lieber Bruder, ich wünscht' es Dir von Herzen.« Noch in Zscliz komponiert Schubert das ›Deutsche Requiem‹, das Ferdinand als Prüfungsarbeit nutzen und später unter seinem Namen aufführen soll. Liebevoll und humoristisch ist auch die Charakterisierung der Dienerschaft: »Die mich umgebenden Menschen sind durchaus gute. … Der H. Inspector, … ein braver Mann, bildet sich

Ernte bei Zseliz

… Überhaupt freue ich mich auf sämtliche Weinlesen, indem mir schon so viel Lustiges davon erzählt worden ist. Auch die Ernte ist hier sehr schön. Man bringt hier das Getreide nicht wie in Österreich in Scheuern, sondern man errichtet auf freyem Felde ungeheure Haufen, welche man Tristen nennt. Sie sind öfters 40 bis 50 Klafter lang und 15 bis 20 hoch. Sie wissen es so geschickt zu legen, daß der Regen, welcher ablaufen muß, keinen Schaden machen kann. Hafer und dergleichen vergräbt man auch in der Erde.

Brief Schuberts an seinen Bruder Ferdinand, 24.8.1818

viel auf seine gehabten Musiktalente ein. Er bläst (sic!) jetzt noch auf der Laute zwey 3/4 Deutsche mit Virtuosität. Sein Sohn, ein studirender Philosoph, kam gerade auf die Ferien, ich wünsche ihn recht lieb zu gewinnen. … Der Doktor, wirklich geschickt, kränkelt mit 24 Jahren wie eine alte Dame. … Der Chirurgus, mir der liebste, ein achtbarer Greis von 75 Jahren, stets heiter und froh. … Der Koch, die Kammerjungfer, das Stubenmädchen, die Kindsfrau, der Beschließer etc. 2 Stallmeister, sind gute Leute. Der Koch ziemlich locker, die Kammerjungfer 30 Jahr alt, das Stubenmädchen sehr hübsch, oft meine Gesellschafterin, die Kindsfrau eine gute Alte, der Beschließer mein Nebenbuhler. Die 2 Stallmeister taugen viel besser zu den Pferden als zu den Menschen …«

Zu den unverwechselbaren Eigenschaften Schuberts gehören Menschenliebe und Natürlichkeit. Die Freunde sehen ihn »nie anders als liebenswürdig«, als »teilnehmenden, wohlwollenden, großherzigen Menschen«. Schuberts Wesen ist von Bescheidenheit, Gutmütigkeit und Treuherzigkeit geprägt. Dazu kommt sein Hang zu Geselligkeit, zum ständigen Gedankenaustausch. Was ihm wichtig ist, beschreibt er selbst mit den Worten »Herzlichkeit, … wirkliche Gedanken … und die ungekünstelte Weise, mit und nebeneinander zu sein.«

Schuberts Kommentar zum Gottesdienst in Zseliz

Du, Ignaz, bist noch ganz der alte Eisenmann. Der unversöhnliche Haß gegen das Bonzengeschlecht macht Dir Ehre. Doch hast Du keinen Begriff von den hiesigen Pfaffen, bigottisch wie ein altes Mistvieh, dumm wie ein Erzesel, u. roh wie ein Büffel, hört man hier Predigten, wo der so sehr venerierte Pater Nepomucene nichts dagegen ist. Man wirft hier auf der Kanzel mit Ludern, Kanaillen etc. herum, daß es eine Freude ist, man bringt einen Todtenschädel auf die Kanzel, u. sagt: Da seht her, ihr pukerschäkigen Gfriser, so werdet ihr einmahl aussehen. Oder: Ja, da geht der Bursch mit'n Mensch ins Wirtshaus, tanzt die ganze Nacht, dann legen sie sich besoffen nieder, u. stehen ihrer drey auf u. s. w.

Brief Schuberts an seinen Bruder Ignaz,
29. Oktober 1818

Der Sommer in Zseliz neigt sich, und Schubert muss erkennen, dass er sich in einer Gesellschaft befindet, in der der Künstler nur um der Mode Willen geduldet ist. »Für das Wahre der Kunst«, schreibt er nach Hause, »fühlt hier keine Seele, höchstens dann u. wann (…) die Gräfin. Ich bin also allein mit meiner Geliebten (der Musik, M. K.), u. muss sie in mein Zimmer, in mein Klavier, in meine Brust verbergen.« Die letzten Wochen vergehen in Einsamkeit.

Am 19. November, so verkünden Wiener Zeitungen, ist die gräfliche Familie ins Wiener Stadtpalais zurückgekehrt. Schubert, der Musiklehrer, folgt auf dem Fuße – mit der Post.

Wohngemeinschaft mit Mayrhofer

Nach dem Aufenthalt in Zseliz und der dort erlebten Ungebundenheit ist Schubert entschlossen, nicht wieder in die alten Verhältnisse zurückzukehren. Die Entscheidung, den Schuldienst ganz zu quittieren, steht zwar noch aus – der Vater hatte ihm »Urlaub« gegeben –, doch innerlich scheint der Abschied vom bürgerlich geregelten Leben schon vollzogen. Auch die väterliche Wohnung meidet er wieder und zieht zu dem jungen Dichter Mayrhofer. Die Freundschaft beider reicht inzwischen sechs Jahre, bis 1814, zurück. Der in Steyr geborene Mayrhofer sollte auf väterlichen Wunsch Priester werden und verbrachte drei Jahre als Kleriker in St. Florian, studierte jedoch später Jura in Wien. Neben seiner Beamtentätigkeit verbucht er bald künstlerische Erfolge. Die Bedeutung Mayrhofers, der 1814/15 Schuberts Goethe-Interesse

Johann Mayrhofer (1787–1836), geboren in Steyr, wurde nach seinem Jurastudium Beamter der Zensurbehörde, daneben studierte er Geschichte. Bekannt wurde er v. a. als Dichter. Über seine 1824 veröffentlichten Gedichte schrieb der österreichische Schriftsteller Ernst Freiherr von Feuchtersleben: »Ideale Richtung …, Kraft, Tiefe und Klarheit – Wo finden sie sich zum zweiten Male so schön vereint?« Mayrhofer versank später in Schwermut und nahm sich das Leben.

weckte, kann für den jungen Komponisten kaum hoch genug eingeschätzt werden.

Mayrhofer gilt als führender Kopf einer Gruppe junger Männer, die für hohe Ideale wie Vaterlandsliebe oder die Verbesserung der Zustände im Metternichschen Polizeistaat eintraten; ihr Verein wirkte zuerst in Oberösterreich und insbesondere in Linz, später jedoch auch in Wien. Spaun und dessen Bruder Anton sowie die Konvikt-Kameraden Johann Senn, Joseph Kenner und Albert Stadler zählen dazu. Zu dem Kreis gehören ferner junge Gebildete, Beamte, Dichter und Maler. Man diskutiert über Philosophie und Kunst, liest die Werke Hegels, Fichtes und Schellings, dazu die Klassiker Goethe und Schiller. Nach der Einführung durch Mayrhofer wird Schubert hier schnell heimisch, empfängt Impulse für sein Schaffen und bekommt die Möglichkeit, seine Werke vorzustellen.

Die zwei ungleichen Naturen Schubert und Mayrhofer bewohnen ein handtuchschmales, dunkles Zimmer, in dem bis 1813 Theodor Körner hauste. Die Wohnung gehört einer »Witwe Sanssouci« (dt. »ohne Sorgen«), die sich der beiden Künstler annimmt. Bei Besuchen bietet sich den Freunden ein seltsames Bild: der ernste, gedan-

kenschwere Dichter, und daneben der damals noch meist
heitere, stets zu Geselligkeit und Scherzen aufgelegte
jüngere Schubert. Die Wohngemeinschaft verläuft zunächst ungetrübt. Allerdings führt der Gegensatz zwischen Schuberts froher, gemütlicher Sinnlichkeit und
Mayrhofers im Grunde verschlossenem Wesen später immer häufiger zu Spannungen. Der durch den verhassten
»Brotberuf« des Zensors belastete Mayrhofer lässt dann
so manches Mal seinen Ärger an dem Jüngeren aus. Mit
bajonettartig gefälltem Stock geht er lachend auf ihn los:
»Was hält mich denn ab, dich aufz'spießen, du kloaner
Racker!« ruft er aus – woraufhin der Angegriffene dann
immer beschwichtigen muss: »Waldl, wilder Verfasser!«

Schuberts Arbeitstag ist streng geregelt. Von früh um
sechs bis mittags komponiert er, am Nachmittag wird
klassische und zeitgenössische Literatur auf vertonbare
Texte durchgesehen. Nichts kann ihn dazu bringen, diesen Rhythmus zu ändern. Auch Spaun bezeugt, dass
Schubert »täglich vom frühen Morgen bis um zwei Uhr,
mit dem glühendsten Eifer und bis zur Erschöpfung
komponierte.« Dabei konnte alles andere wie Waschen,
Anziehen oder Essen vergessen werden. Ist es kalt, so ar-
beitet er im Bett – Hauptsache nur, die sieben Stunden
werden eingehalten. Manchmal greift er auf in der Nacht
notierte musikalische Einfälle zurück, dann wird die Brille gar nicht abgenommen. Josef Hüttenbrenner berichtet,
wie er Schubert im Winter aufsuchte, »in einem halbdun-
klen, feuchten und ungeheizten Kämmerlein, in einen alten, fadenscheinigen Schlafrock gehüllt, frierend …« am
Schreibpult. Später berichtet Hüttenbrenner: »Kam ich vor-

20 Schuberts Brille auf dem
Autograph des Liedes ›Die
Taubenpost‹ (D 965 A)

mittags zu ihm, so spielte er mir, was eben fertig war, sogleich vor und wollte mein Urteil hören. Lobte ich eine Nummer besonders, so sagte er: Ja, das ist halt ein gutes Gedicht; da fällt einem sogleich was Gescheites ein.« Ist keine Literatur zur Hand, geht Schubert nachmittags ins Kaffeehaus. Da kann er stundenlang sitzen, rauchen und die neuesten Zeitungen studieren. Manchmal finden Opern, auch Schauspielbesuche statt, falls die Verhältnisse es zulassen. Doch häufiger verbringt er die letzten Stunden mit Mayrhofer, Spaun und Schober. Die Besuche von Vogl, der immer öfter kommt, um Lieder zu proben, die später aufgeführt werden sollen, gehören zu den Höhepunkten. Vogl ist kein professioneller Liedsänger, doch der Klang seiner Stimme ist gefühlvoll, ergreifend. Spaun berichtet dazu: »Das Interesse, welches Vogl den Liedern Schuberts schenkte, erweiterte nun plötzlich den Kreis, in dem der junge Tonsetzer sich bisher bewegte, und der herrliche Vortrag dieser Lieder durch Vogl erwarb ihnen bald laute, freudige Anerkennung.«

In dieser Zeit lernt Schubert auch den brillanten ungarischen Klavierspieler Josef von Gahy kennen. Im Freundeskreis spielen sie zahlreiche Märsche, Tänze und Variationen vierhändig. Manches davon ist durch die in Zseliz notierte ungarische Volksmusik angeregt.

Nochmal Konflikte mit dem Vater.
Schmerzlicher Verzicht

Die Entscheidung Schuberts, sich ganz dem Komponieren zu widmen, fordert 1819 ihren Preis. Nach Ablauf des »Urlaubsjahres« stellt der Vater – in der Hoffnung, Franz

Schuldienst
Schuberts Tätigkeit als Schulgehilfe ist zeitlich nicht genau zu präzisieren. Der erste Zeitabschnitt umfasst die Periode Herbst 1814 bis Herbst 1816 am Himmelpfortgrund; von Ende 1817 bis Anfang 1818 folgt die zweite, viel kürzere Periode in der Rossau. Für die spätere Zeit gibt es keine Dokumente, aus denen hervorgeht, dass Schubert als Schulgehilfe tätig war. Möglich ist, dass er bei seinem Vater gelegentlich ausgeholfen hat.

würde doch noch Vernunft annehmen – den Antrag, ihn zum zweiten Mal als Schulgehilfen zu bestätigen. Obwohl die Erlaubnis erteilt wird, muss Schubert jedoch gestehen, dass er definitiv nicht mehr gewillt ist, das Amt wieder aufzunehmen. Bemerkenswert ist ein Dokument aus dieser Zeit, das zerrissen wurde; möglicherweise kam es zu heftigen Auseinandersetzungen zwischen Vater und Sohn, denn wie sollte es weitergehen? Der Lehrerberuf hätte Schubert immerhin das Existenzminimum gesichert. Die bittere

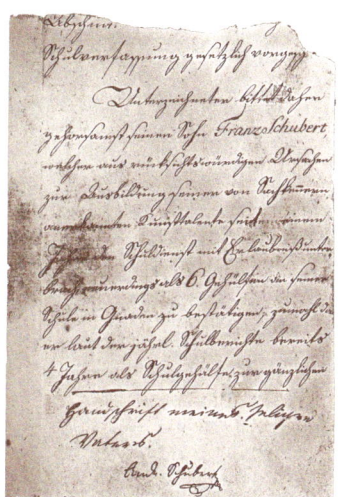

21 Gesuch des Vaters um Schuberts Wiederanstellung als Schulgehilfe

Wahrheit lautete, dass er nun von gelegentlichen Honoraren, zumeist aber von den Almosen der Freunde, insbesondere Vogls, zu leben hätte.

Noch schmerzlicher ist für Schubert der Entschluss, sich von Therese zu trennen. Seit vier Jahren treffen sie sich nun, tauschen sich aus und musizieren miteinander. Seit vier Jahren auch teilt Therese sein Hoffen und Bangen: wie seine Lieder aufgenommen würden, wie die Musikverleger reagierten oder ob er am Ende gar eine Anstellung erhielte. Doch Therese steht unter dem Einfluss ihrer

21. Nov. 1820. Therese Grob verm. m. Bergmann, Bäckermeister. Joh. Bergmann, bürgerl. Bäckermeister, geb. am Neubau, ehel. Sohn des Friedr. Bergmann, Bäckermeister, u. Dorothea, geb. Kassimir, wohnhaft Stadt 831; Grob Theresia, geb. i. Liechtental, ehel. Tochter d. Grob Heinrich, bürgerl. Seidenzeugfabrikant, u. Gattin, geb. Männern, 22 J. alt; ...

Aus dem Hochzeitenverzeichnis der Pfarre
»Zu den vierzehn Nothelfern« in Lichtental

Mutter und ihres Bruders. Beide mahnen sie immer wieder, in gesicherte Verhältnisse zu heiraten – und nicht einen armen Tonsetzer, der sie über kurz oder lang ins Unglück stürzen würde. Bereits zur Jahreswende 1817/18 muss es zu Zerwürfnissen gekommen sein. Vielleicht verlangte sie auch, dass Schubert wenigstens die Lehrerstelle behalten solle. Doch der Entschluss, sich nur noch dem Komponieren zu widmen, ist gefallen. Therese resigniert daraufhin und gibt dem Druck der Familie nach, akzeptiert das Werben eines besser gestellten Bäckermeisters. Schubert, der ihrem Glück nicht im Wege stehen will, gibt sie frei; am 21. November 1820 soll die Hochzeit stattfinden.

Für Therese, die Schubert auch später noch liebt, sind inzwischen zahlreiche Lieder entstanden. Schon das früheste, ›Gretchen am Spinnrade‹, sowie das ›Salve Regina‹ sind ihr, wenn auch nicht explizit ausgedrückt, gewidmet. Vermutlich im November 1816 entsteht ein Album mit 16 Liedern, darunter ›Andenken‹, ›Lied aus der Ferne‹, ›Am Tage aller Seelen‹, ›Am ersten Maimorgen‹, ›Klage‹ u. a.

Mit Vogl in Oberösterreich

Im Juli 1819 erhält Schubert die Einladung, mit Vogl in dessen oberösterreichische Heimatstadt Steyr zu reisen. Fast zwei Jahre sind vergangen, seit der Sänger Schubert kennen gelernt hat. Nun zählt er zu den wichtigsten Freunden des Komponisten; er trägt seine Lieder vor, wo

Musikveranstaltungen bei Paumgartner
Der erste Stock enthielt seine Wohnung mit einem eigenen dekorierten Musikzimmer … Im zweiten Stock befand sich ein mit Emblemen der Kunst geschmückter Salon für die größeren und zahlreich besuchten Produktionen um die Mittagszeit. In diesen Räumen entzückten uns zumeist im Jahre 1819 Schuberts und Vogls Töne … Da hätte man sozusagen eine Stecknadel fallen hören; Paumgartner litt auch nie irgendeine Unruhe während der Musik. Dafür wurden aber die Gäste … nach der Produktion in jeder Beziehung reichlich entschädigt. … Jeder echte Tonkünstler und Musikfreund fand in seinem Hause Zutritt, freundliche Aufnahme und oft noch mehr. …

es möglich ist, und öffnet ihm die musikalischen Privat-
kreise. Doch Vogl ist daneben auch Mentor und Gönner
des Jüngeren und nimmt Einfluss auf dessen künstlerische und persönliche Entwicklung. Seine Einladung dient
daher nicht nur der Erholung, sondern auch dazu, Schuberts Kompositionen in den anderen Landesteilen bekannt zu machen.

Das in reizvoller Gebirgslandschaft gelegene Steyr galt
schon im Mittelalter als ein Zentrum der Eisengewinnung.
Das Bürgertum der Stadt ist kulturell aufgeschlossen und
musikliebend. In Steyr leben die Verwandten Vogls, doch
auch Spaun, Mayrhofer und Stadler stammen von hier.

Für Schubert folgen zehn äußerst anregende und zugleich anstrengende Wochen. Wo er hinkommt, ist sein
Können gefordert. Die beiden Künstler werden überall
aufgenommen, bewirtet und beherbergt. Vogl wohnt im
Hause des Eisenhändlers Josef von Koller, Schubert bei
dem »Landes- und Berggerichtsadvokaten« Albert Schell-
mann. Der junge Komponist bekommt ein Klavier gestellt
und muss den acht Töchtern des Hauses vorspielen. Ferdinand meldet er hochgestimmt: »Sie sind beinahe alle
hübsch, Du siehst, daß man zu tun hat.«

Schubert und Vogl müssen immer wieder auftreten. Im
Mittelpunkt des Steyrer Musiklebens steht das Haus des
Bergwerksdirektors, Kunstmäzens und Violoncellisten
Sylvester Paumgartner. Hier finden Liederabende mit

... und bei von Koller
Im Hause des Kaufmannes Josef von Koller wurde der Muse ...
alla camera gehuldigt, und zwar in der Regel abends nach einem geselligen Spaziergange oder verbrachtem Tageswerke. Die
sehr talentierte ältere Tochter des Hauses, Josefine, Schubert,
Vogl und ich erfreuten uns da der angenehmsten Stunden im ab-
wechselnden Vortrage Schubertscher Lieder und Klavierstücke
und auch vieler Piecen von Opern aus der Voglschen Glanzpe-
riode. ... Nach der Musik setzten wir uns zum Souper und blieben noch ein paar Stündchen heiter beisammen.
Brief Albert Stadlers an Ferdinand Luib, 3.–11.6.1858, in:
›Franz Schubert. Die Erinnerungen seiner Freunde‹,
hg. von Otto Erich Deutsch, Wiesbaden 1983

Vogl und Schubert am Klavier statt. Paumgartner
wünscht stets sein Lieblinglied zu hören, ›Die Forelle‹.
Das von ihm in Auftrag gegebene ›Forellenquintett‹
gehört heute zu den populärsten Werken des Komponisten. Auch der Eisenhändler von Koller veranstaltet Soire-
en. Für seine Tochter Josefine, die Klavier spielt, komponiert Schubert die freundlich-heitere Klaviersonate
A-Dur (D 664), ein Werk, das in seiner Haltung dem ›Forellenquintett‹ ähnelt. Der erste Satz lebt ganz von seinem frohgemuten, frühlingshaft gestimmten Hauptthema. Das darauffolgende Andante wartet mit zahlreichen
harmonischen Finessen auf. Doch neben aller Wertschät-
zung, die Schubert in Steyr erfährt, macht er noch eine
weitere, außerordentlich wichtige Entdeckung: Hier im

22 Steyr. Steindruck

fernen Oberösterreich singt man schon seine Lieder und spielt seine Klavierstücke. Freunde und Musikliebhaber hatten Abschriften anfertigen lassen, die längst hierher gelangt waren.

Für August sind zwei Abstecher, nach Linz und Kremsmünster, geplant. Linz ist der Geburtsort Spauns, wo man dessen Familie aufsucht. Auch die Linzer Musikfreunde sind neugierig auf Schubert: Überall muss er vorspielen und seine Lieder präsentieren. Zurück in Steyr, unternimmt man noch manche Ausflüge in die Umgebung, z. B. nach Ennsdorf, wo sich Vogls Geburtshaus befindet, oder zu Schellmanns Lustschlösschen Engelsberg.

›Die Forelle‹

›Die Forelle‹, eines der beliebtesten Lieder Schuberts, entsteht Ende 1816 (erste Niederschrift). Der Text von Christian Friedrich Daniel Schubart (1782) ist eine doppelbödige Parabel, in der es nicht nur um die Forelle im Bach, sondern auch um die Gefahr der Verführung junger Mädchen geht. Schubert hat die letzte, »aufklärende« Strophe bewusst weggelassen, um die reizvolle Hintergründigkeit des Inhalts so zu bewahren.

Die ›Forelle‹ besticht durch die heitere Schönheit und die Volkstümlichkeit der Melodie. Die Strophen 1 und 2, die Betrachtung des »munteren Fischleins«, sind in schlichter Liedform gebaut. Der frohbewegte, kapriziöse Ton rührt insbesondere von der fast durchgängigen »Wellenfigur« der Klavierbegleitung her, die die Szene bildhaft ins Auge rückt. Doch schon die ungewöhnliche Tonart Des-Dur deutet auf das Trügerische der Szene hin. Der Fischer macht »das Bächlein tückisch trübe«, das Lied gerät ins Dramatische: Die Harmonik dunkelt ein, und fast deklamatorisch wird der Fang, das »besiegelte« Schicksal der Forelle erreicht. Der von leiser Melancholie geprägte Schluss des Liedes greift noch einmal den Anfang auf.

Zwei Jahre später, 1819, nutzt Schubert die Melodie im vierten Satz des Quintetts A-Dur für Klavier, Violine, Viola, Violoncello und Kontrabass, dem ›Forellenquintett‹.

23 ›Die Forelle‹ in einer zeitgenössischen Ausgabe

›Forellenquintett‹

Schuberts frühe Kammermusik ist zunächst nur für das Musizieren im Familienkreis bestimmt oder für Auftraggeber komponiert. Bis 1817 komponiert er unter anderem elf Streichquartette, zwei Streichtrios in B-Dur (D 471/D 581), drei Sonaten für Violine und Klavier (D 384, D 385, D 408) und ein Nonett. Diese Werke sind noch häufig am Vorbild von Haydn und Mozart orientiert, haben aber den typisch wienerischen Volkston aufgenommen.

Nur wenige Werke Schuberts sind in ihrem Charakter so poetisch-heiter, so kraftvoll-optimistisch wie das ›Forellenquintett‹ A-Dur (1819?). Als Vorlage für den vierten Satz diente dabei das Lied ›Die Forelle‹, doch übernahm er nur die Melodik der Strophen 1 und 2, um die frohe, unbeschwerte Stimmung auszumusizieren.

Bereits der erste Satz ist von Leichtigkeit und Heiterkeit erfüllt. Das erste, langsame Thema im Wechsel von Klavier und Streichinstrumenten trägt Einleitungscharakter. Suchend-tastend wird dann das Tempo allmählich beschleunigt. Liedhaft, im typischen Schubert-Ton, gibt sich dagegen das Seitenthema. Dieser Satz ist von unbändiger Musizierlust erfüllt, von der Hingabe an immer neues Figurieren.

Im Kontrast dazu steht der langsame zweite Satz, das Andante. Seine Form ist zweiteilig: Auf einen F-Dur-Teil folgt dessen Wiederholung in As-Dur, der helleren, »leuchtenderen« Mediant-Tonart. Besonders reizvoll ist der Gegensatz von melodischen und überwiegend »flächigen« Abschnitten. Nach dem dritten Satz, einem dahineilenden Scherzo mit Trio-Mittelteil, folgt der vierte mit sechs Variationen über die »Forellen-Melodik«, darunter zwei Moll-Versionen, die die frohbewegte Grundstimmung jedoch nicht beeinträchtigen. Den Höhepunkt bildet die letzte Variation mit der typischen, die Forellenbewegung nachahmenden Klavierbegleitung. Tänzerisch und ausgelassen schließt der fünfte Satz, in dem noch einmal Motive aus den ersten Sätzen anklingen.

Der mühsame Weg zum Erfolg

Ein Freund wird verhaftet

Sind die Jahre bis 1816 für Schubert noch von intaktem, relativ ungebrochenem Lebensgefühl gekennzeichnet, so ist ab 1817 eine Krise zu verzeichnen. Die Wirklichkeit zeigt sich nun unverhüllt: Schubert hat noch immer keinen Namen, und seine Existenz ist ständig bedroht. Zudem hat sich das Verhältnis zum Vater wieder verschlechtert, und auch trauert er Therese, die 1820 heiratet, nach.

Doch nicht nur die persönlichen Verhältnisse bedrücken Schubert und seinen Freundeskreis. Die Gegensätze zwischen den Idealen der jungen Männer und der Wirklichkeit des Metternichschen Polizeistaats haben sich inzwischen weiter zugespitzt. Bereits im August 1819, während sich Schubert und Vogl in Oberösterreich aufhielten, wurden die berüchtigten Maßnahmen gegen »demagogische Umtriebe« beschlossen. Hierzu gehörten eine weitere Verschärfung der Presse- und Bücherzensur, die Entlassung fortschrittlicher Professoren und freidenkerischer Studenten aus den Universitäten, das Verbot studentischer Verbindungen und vieles mehr. Auch Schuberts Freunde, insbesondere Mayrhofer und Senn, bekommen die bedrückende Situation im Lande hautnah zu spüren. Mayrhofer, der in seinen Gedichten die humanistische Gedankenwelt beschwört, ist als Zensor noch immer dazu verurteilt, die Veröffentlichung fortschrittlicher Literatur

Karlsbader Beschlüsse
Die Karlsbader Beschlüsse gehörten zu den schärfsten Maßnahmen, die Metternich gegen die nationale und liberale Bewegung nach 1815 durchsetzte. Sie wurden nicht nur in Österreich, sondern auch in Preußen sowie acht weiteren Staaten des Deutschen Bundes realisiert. Zu den wichtigsten gehörten: 1) Die Überwachung der Universitäten und das Verbot studentischer Verbindungen, 2) die Verschärfung der Presse- und Bücherzensur, 3) die Errichtung einer Kommission zur Aufspürung und

zu verhindern. Schubert, der nun selbst die »miserable Wirklichkeit« durchschaut, muss miterleben, wie sich das Gemüt seines Zimmergenossen Mayrhofer bis zur Hoffnungslosigkeit verdüstert. Im März des Folgejahres, 1820, gerät der Feuerkopf Senn, der inzwischen zum Leiter des Lesekreises avanciert ist, in den Verdacht revolutionärer Tätigkeit und wird zunehmend bespitzelt. Kurz darauf kommt es zu einer Schriften-Visitation in dessen Wohnung. Senn hat Freunde zu Besuch, darunter auch Schubert, als es an der Tür klopft. Die Polizei ist da, dringt in die Wohnung ein, durchwühlt Briefe, Schriften und Bücher, und beschlagnahmt vieles. Senn erklärt voller Verachtung, dass ihn die Polizei nicht kümmere und dass die Regierung »zu dumm sei, in seine Geheimnisse eindringen zu können.« Auch Schubert und die anderen pflichten dem bei, in heftiger Erregung. Daraufhin werden die Namen der Anwesenden notiert, und im Polizeibericht ist zu lesen, dass Senns »… Freunde, der Schulgehilfe aus der Roßau Schubert, und der Jurist Steinsberg … in gleichem Tone eingestimmt und gegen den … Beamten mit … Verbalinjurien und Beschimpfungen losgezogen seyn.« Das Ergebnis ist niederschmetternd: Senn wird verhaftet und für vierzehn Monate in Untersuchungshaft genommen. Die Laufbahn des einstigen Konvikt-Besten ist damit zerstört: Nach der Freilassung führt er ein unstetes Leben als Advokatenschreiber und Lehrer.

Bemühungen um die Oper

Es ist kaum bekannt, dass Schubert 18 Bühnenwerke komponiert hat (davon 11 vollendet). Bereits Salieri macht

Verfolgung »revolutionärer Umtriebe«,
4) die Unterdrückung jeglicher Volksbewegungen in einzelnen Staaten des Deutschen Bundes durch die Staatengemeinschaft.

dem Schüler deutlich, dass die Bühne der Ort ist, an dem sich der Erfolg eines Komponisten entscheidet. Schubert beherzigt diesen Rat und schreibt in den Jahren bis 1816 sechs Singspiele und eine Oper. Doch die Situation in Wien ist kompliziert, und die Konkurrenz groß. Hier dominieren, wie erwähnt, die italienischen Opern (Rossini), die Werke Mozarts, Beethovens ›Fidelio‹, Stücke Weigls, Spontinis, Méhuls u. a. Auch die Vorstadttheater, die z. B. Wenzel Müllers Singspiele und Pantomimen massenhaft aufführen, zeigen sich unbekannten Komponisten gegenüber distanziert. Schubert ist dennoch entschlossen, verschafft sich Repertoirekenntnisse und beginnt, sich an den Vorbildern zu orientieren. Die Reformopern Glucks faszinieren ihn, besonders das Ideal von »Schlichtheit« und »Wahrhaftigkeit« in ›Iphigenie auf Tauris‹. Von Mozart sieht er ›Figaros Hochzeit‹, ›Don Giovanni‹ und ›Die Zauberflöte‹. Auch die Opern Cherubinis (›Medea‹), die Choroper Spontinis (›Vestalin‹) und die deutsche romantische Oper Webers (›Freischütz‹) nimmt er auf. Daneben tritt immer wieder das Interesse für die Wiener Volkskomödie, die Märchen- und Zauberoper.

Die Bühnenwerke der Frühzeit sind nur teilweise überliefert, manche Stücke als Fragmente. Zu den vollendeten Werken gehören ›Des Teufels Lustschloss‹, ›Fernando‹ und ›Der vierjährige Posten‹. Das »Zauberstück« ›Des Teufels Lustschloss‹ (1813/14) geht auf einen Text des Lustspieldichters August von Kotzebue (1761–1819) zurück. Erhalten sind ›Fernando‹ (1815) und ›Der vierjährige Posten‹ (1815), ein Antikriegsstück nach Theodor Körner. Zu den Frühwerken gehört auch das Singspiel ›Die

Weitere Bühnenwerke der Frühzeit bis 1816
›Der Spiegelritter‹, Singspiel (unvollendet), Text: August von Kotzebue, 1811
›Claudine von Villa Bella‹, Singspiel (unvollendet), Text: Johann Wolfgang von Goethe, 1815
›Die Bürgschaft‹, Oper (unvollendet), Textdichter unbekannt, 1816

Freunde von Salamanka‹ (1815/16), in dem Elemente der italienischen Opera buffa und der französischen Opéra comique miteinander verschmelzen. Das Stück handelt von Alfonso, der, in Konkurrenz mit dem hochmütigen Grafen Tormes, um die schöne Gräfin Olivia wirbt. Zwei Freunde helfen ihm, sich durchzusetzen.

Doch nach dreijähriger Pause erhält Schubert 1819 über Vogl den ersten Bühnenauftrag: Georg Hofmann, der Hausdichter des Kärntnertortheaters, hat ein Textbuch ›Die Zwillingsbrüder‹ geschrieben. Diese Anfang 1819 vollendete »Posse mit Gesang« handelt von Lieschen, der Tochter des Bürgermeisters, die heiraten will. Kurz vor der Hochzeit tritt Franz, der ehemalige Soldat, hinzu, dem das Mädchen versprochen war. Nur Friedrich, Franz' Zwillingsbruder, ist zu verdanken, dass die Geschichte ihr glückliches Ende findet. Das Singspiel in einem Akt besteht aus zehn Nummern, darunter drei Arien, zwei Duette, ein Terzett, ein Quartett und ein Quintett mit Chor. Die Premiere findet am 14. Juni 1820 mit Vogl in der Doppelrolle der Zwillingsbrüder statt. Bei der anschließenden Premierenfeier fehlt Schubert, vielleicht, weil ihm die Aufführung und der Inhalt des Stücks nun nicht mehr zusagen. Auch das Urteil der Presse ist gemischt. In der Wiener ›Allgemeinen musikalischen Zeitung‹ heißt es, Schubert zeige »mehr Fähigkeit zum Tra-

K. k. Hofopern-Theater. Am 14. Juni zum ersten Male: Die Zwillingsbrüder, Posse mit Gesang …
Sie beurkundet ihren Verfasser als einen talentvollen Kopf, voll Kraft und Erfindungsgabe … sie beweiset aber zugleich, daß Herr Schubert mehr Fähigkeit zum Tragischen als zum Komischen hat, daher wir ihm sehr raten, das erstere Fach für jetzt wenigstens zu wählen. Die Musik der Zwillingsbrüder hat viel Originalität, manche interessante Partien und ist deklamatorisch richtig; darin liegt aber der Flecken des Werks, daß die Empfindungen einfacher Landleute in einem komischen Sujet viel zu ernsthaft, wir möchten sagen schwerfällig aufgefaßt sind…

Rezension aus der Wiener ›Allgemeinen musikalischen Zeitung‹, 17. Juni 1820

gischen als zum Komischen«; außerdem werden »Originalitätssucht« und zu harte Modulationen getadelt. Die Oper wird jedoch immerhin fünf Mal gespielt und sogar in Leipzig rezensiert.

Bereits vor der Uraufführung am 14. Juni bekommt Schubert noch einen weiteren Auftrag: Nun soll er für das Schauspiel ›Die Zauberharfe‹ – wieder nach Hofmann – die untermalende Musik schreiben. Zu spät erkennt Schubert die miserable Qualität des Textbuchs, das an kaum zumutbarer Einfallsfülle, Unlogik und »Sensationsgier nach einem phantastischen Gefühlsleben« – so die Kritik – krankt. Das »Zauberstück« handelt von dem machtgierigen Grafen Arnold von Montabur, der seine einstige Frau Melinda von Hass geblendet vernichten will. Doch diese setzt sich mit Hilfe der Kräfte eines Zauberers zur Wehr. Kompositorisch bringt Schubert das Stück voran. Im Mittelpunkt stehen große Melodramen,

24   Das Kärntnertortheater
in Wien. Kolorierter Stich

in denen die Welt des Zaubers, des Märchens eindringlich nachgezeichnet wird. Das Werk bedient sich schon der »durchkomponierten« Form, d. h. große Szenenkomplexe werden miteinander motivisch-thematisch verknüpft und so zum Ganzen verbunden. Auch das aus der französischen Opernpraxis stammende »Erinnerungsmotiv« findet Verwendung. Die Premiere findet am 19. August 1820 statt. Die Kritik der ›Wiener Zeitschrift für Kunst, Literatur, Theater und Mode‹ beanstandet jedoch wieder die zu anspruchsvolle sinfonische Durcharbeitung, die überfrachtete Instrumentierung, und äußert sich vernichtend über das Textbuch. Dennoch ist die Oper mit acht Aufführungen der erste Erfolg.

Mühsal, Fragmente und zwei Lichtblicke

Während Schuberts Kompositionen bis 1816 – darunter die Lieder und Sinfonien – noch in einem wahren Schaffensrausch entstanden, wurde das Komponieren für ihn danach schwieriger, problematischer. Die Frühphase ist noch ganz von jugendlicher Frische charakterisiert, doch nun folgen Jahre des Reifens mit Werken, in denen sich zunehmend die persönliche Befindlichkeit und die Zerrissenheit der Welt spiegeln. Zudem befindet sich Schubert in einer Phase des kompositorischen Umbruchs. Die-

»Nimm ein Stück guten und ein Stück bösen Zauberer, welche miteinander sich katzbalgen, ferner ein mondsüchtiges Ruinenfräulein, einen heulenden Vater nebst einem verfeiten Sohne, item einige alberne Ritter, … endlich zehn oder zwölf Stück Ungeheuer, je possierlicher desto besser« … Der Verfasser des obengenannten Zauberspiels hat demnach ohne Zweifel dies köstliche Rezept vor Augen gehabt. Meisterlich wußte er selbst die schöne Anlage bis zu dem gelungensten Wirrwarr auszuführen … Schade in der Tat … um Schuberts wunderschöne Musik, die keinen würdigeren Gegenstand gefunden. Dieser Künstler hat nun in der kürzesten Zeit sein zweites musikalisches Produkt auf die Bühne gebracht, und jene, die bei der Aufführung des ersten an seinem Genius zu zweifeln Ursache fanden, glänzend überzeugt.
Rezension aus dem ›Wiener Konversationsblatt‹,
29. August 1820

se Entwicklung, die andere Komponisten in zehn, zwanzig Jahren durchlaufen, konzentriert sich bei ihm auf nur drei bis vier Jahre. Charakteristisch für diese Zeit zwischen 1818 und 1822 ist ein zahlenmäßiger Rückgang der Kompositionen und vor allem der Lieder. Das Einzelwerk gewinnt dabei an Bedeutung, und die musikalische Gestaltung wird bei der Abkehr von traditionellen Mustern differenzierter. Zu den Merkmalen dieser Phase gehört auch die Zunahme von Fragmenten. Diese »Studien«, »Entwürfe« und »Experimente«, die der Forschung manche Rätsel aufgeben, sind von immenser Bedeutung. Mit ihnen wird der Weg vom unbekümmerten Jugendwerk zum reifen musikalischen Bekenntnis gebahnt. Fragmente aus dieser Zeit gibt es in allen Gattungen – in der Sinfonik, der Sakralmusik, der Kammermusik usw. Man spricht von Schuberts frühen Messen, den frühen Streichquartetten oder den »Jugendsinfonien«. Doch 1822/23 liegen dann große Meisterwerke wie die ›Unvollendete‹, die As-Dur-Messe, das Streichquartett d-Moll vor. Diese Werke sind Produkte einmaliger Intuition, aber zugleich auch das Ergebnis härtester, jahrelanger Arbeit.

Von den Fragmenten der Jahre 1820/21 können nur die wichtigsten genannt werden. Zu den abgebrochenen, aber dennoch interessanten Kompositionen gehört z. B. das im Februar 1820 zur Reinschrift gebrachte religiöse Drama ›Lazarus oder die Feier der Auferstehung‹. Das Libretto dazu nach dem Johannesevangelium (11,1–11,45) stammt von dem Hallenser Theologen August H. Nie-

Zu Schuberts Gesamtwerk gehören rund einhundert **Fragmente**, also unvollendete Stücke. Fragmente, die aufgrund ihrer Besonderheit und ihres experimentellen Charakters von Bedeutung sind, findet man z. B. im Bereich der Klaviermusik. Von Interesse sind dort etwa die harmonisch eigenwillige Klaviersonate cis-Moll D 655 oder die Sonate C-Dur D 840, die allerdings erst 1825 entstand. Besonders letztere, auch unter dem Namen ›Reliquie-Sonate‹ bekannt, gilt heute als Schlüsselwerk für Schuberts Vorstellung von einer Klaviersonate, ihrem Charakter, ihrem Bau usw.

meyer (1754). Die dreiteilige Handlung ist auf die poetische Idee von »Tod und Auferstehung« konzentriert. Dabei steht nicht einfach die Erzählung der Ereignisse im
Vordergrund, sondern eine differenziertere Darstellung
der Gefühle der Beteiligten. Die Rezitative haben häufig
Arioso-Charakter, und die starre Trennung zwischen
(handlungsbetonten) Rezitativen bzw. Ariosi und Arien
ist aufgehoben. Auch das Orchester ist schon sinfonisch
angelegt und dient der Ausmalung von Stimmungen.
Das Werk bricht inmitten der zweiten »Handlung« ab,

25
Schubert
beim Kom-
ponieren.
Ölgemälde
von Carlo
Bacchi,
1929

und die zweite Hälfte ist vermutlich verschollen. Möglicherweise zweifelte der selbstkritische Komponist zum Schluss, oder ihm blieb der Auferstehungsgedanke fremd.

Neben dem ›Lazarus‹ ist auch das Fragment eines im Dezember 1820 komponierten Streichquartetts in c-Moll (D 703) hervorzuheben. Dieses einsätzige Werk – das erste nach den unbekümmerten »Jugendquartetten« – ist durch den schroffen Kontrast der beiden Hauptthemen, meisterhafte motivisch-thematische Arbeit und/ tiefen Ernst gekennzeichnet. Der Beginn des zweiten Satzes, Andante, durcheilt in nur wenigen Takten die Tonarten As-Dur, Ces-Dur und fis-Moll, dann bricht er ab. Die Ursache ist unbekannt, doch auch hier ist denkbar, dass Schubert an der Fortführung des inhaltsschweren Beginns scheiterte. In seiner Haltung avanciert das Stück schon zu einem Vorläufer der Spätwerke.

Zu den Fragmenten der Jahre 1818 bis 1822 gehören auch die Versuche Schuberts, einen Weg zur großen Sinfonie zu finden. Mehrere Partiturskizzen, die z.T. in jüngerer Zeit gefunden und durchgesehen wurden, verdeutlichen, in welche Richtung der Komponist musikalisch zu gehen beabsichtigte. Zu den wichtigen Skizzen dieser Zeit gehört der Entwurf zu einer Sinfonie in E-Dur (D 729), die 1934 von dem Dirigenten Felix Weingartner instrumentiert wurde. Noch bedeutender sind drei Sinfonie-Entwürfe aus den Jahren 1818/21, durchaus Vorläufer der späteren ›Unvollendeten‹. Von großer Bedeutung ist z.B. die Adagio-Einleitung zum Sinfonie-Fragment D-Dur (D 615) von 1818, das den Charakter des späteren Werkes vorwegnimmt. Noch größere Pläne des Kompo-

---

Neueste Forschungen über die **Nichtvollendung des ›Lazarus‹** deuten darauf hin, dass auch triftige äußere Gründe dafür vorliegen könnten. So ist denkbar, dass das Werk im Auftrag für die Gründungsfeier der protestantisch-theologischen Fakultät entstanden war; da die Feier jedoch auf 1821 verschoben wurde, ist nahe liegend, dass der Komponist inzwischen anderes, wichtigeres in Angriff genommen hatte, wodurch die Vollendung des ›Lazarus‹ nicht mehr zustande kam.

nisten verraten schließlich die Skizzen zum Fragment
D 708 A von 1821, das unter anderem mit gewaltigen
Form-Dimensionen, unkonventionellen Tonartenbezügen
zwischen Haupt- und Seitenthema im ersten Satz sowie
kühner Kontrapunktik im dritten Satz aufwartet.

Anfang März 1821, ein halbes Jahr nach den Opern-
premieren der ›Zwillingsbrüder‹ und der ›Zauberharfe‹,
gelingt es Schubert zum ersten Mal, auch die Aufmerksamkeit des Konzertpublikums zu wecken. Im Kärntnertortheater findet eine Akademie statt, an der das gesamte
musikalische Wien teilnimmt. Wie stets sind mehrere
»Wunderkinder« präsent, darunter die Sängerin Wilhel-
mine Schröder-Devrient und die elfjährige, später
berühmt gewordene Tänzerin Fanny Elßner. Vogl fasziniert das Publikum mit dem ›Erlkönig‹; dazu kommen
zwei mehrstimmige Gesänge: die biedermeierliche Idylle
›Das Dörfchen‹ und der ›Gesang der Geister über den
Wassern‹ (Goethe). Begleitet wird Vogl von einem jungen
Pianisten aus Graz, Anselm Hüttenbrenner. Der Beifall
ist immens. Spaun berichtet darüber: »Die gespannteste
Aufmerksamkeit und der stürmische Beifall des zahlreichen Publikums lohnten dem Tonsetzer und auch Sänger,
der das kaum beendigte, so anstrengende Lied sogleich
wieder beginnen mußte.«

Der Konzert-Erfolg im Kärntnertortheater bringt Schubert einen gewaltigen Aufschwung. Sein nächstes Ziel besteht darin, die Verlagskontakte wieder aufzunehmen.
Die ersten Bemühungen, Goethe-Lieder zu publizieren,
liegen inzwischen fünf Jahre zurück. Im April 1821
kommt es zum zweiten Versuch, wieder mit dem ›Erlkö-

Der ›Erlkönig‹ begeistert das Publikum
Einige Lieder, von dem jungen, talentvollen Komponisten Schubert in Musik gesetzt, haben … die meiste Sensation erregt. Vor
allem gefiel der ›Erlkönig‹, welchen Vogl mit seiner bekannten
Meisterschaft vortrug und der wiederholt werden mußte. Diese
herrliche Komposition muß ergreifen, sie ist jetzt hier bei Cappi
und Diabelli im Stich erschienen …
Rezension aus der Dresdner ›Abendzeitung‹, 26. April 1821

nig‹. Die Partitur soll nun zwei anderen Wiener Verlegern, Haslinger und Cappi & Diabelli, angeboten werden. Den Anstoß dazu gibt der junge Sänger Leopold Sonnleithner (1797–1873), der Sohn des musikliebenden K. K. Rats, der auch die Konzerte im Haus seines Vaters organisiert. Bereits Vogl hatte bei Sonnleithners den ›Erkönig‹ zum ersten Mal öffentlich und mit großem Erfolg gesungen. Zur Seite steht ihm der neu zum Freundeskreis gestoßene Josef Hüttenbrenner, der Bruder des Pianisten.

26 Leopold Sonnleithner. Ölgemälde von J. Geyling, 1860

Doch wie schon 1816 folgen Ablehnungen mit der Begründung, der Komponist sei unbekannt. Daraufhin organisiert Sonnleithner die Herausgabe selbst und zahlt die Druckkosten für den ›Erlkönig‹, der bei Diabelli in Kommission geht. Über hundert Exemplare können in den nächsten Monaten verkauft werden. Schnell werden die nächsten Lieder gedruckt:

Der romantische Geist Goethes, welcher in dieser Ballade weht, hat in dieser Musik des jungen Tonsetzers einen recht schönen Widerhall gefunden. Die Bewegung des Akkompagnements bereitet das Gemüt des Hörenden auf das Schauerliche der Szene recht passend vor … Die Führung des Gesangs ist klar und hat bei alldem einen Anstrich des Wunderbaren. Auch ist der Gegensatz in den Worten des Knaben, des Vaters und Erlkönigs recht charakteristisch gehalten. Der Tonsetzer hat den Schauder des ersten bei dem Ausrufe »Mein Vater, mein Vater!« durch eine Dissonanz individualisiert, … obgleich die Stimme des Sängers sich einigermaßen sträubt, das oben liegende Intervall zu nehmen …

Rezension aus der Wiener ›Allgemeinen musikalischen Zeitung‹, 12. Mai 1821

›Gretchen am Spinnrade‹, ›Schäfers Klagelied‹, ›Heidenröslein‹, ›Wanderers Nachtlied‹, ›Der König von Thule‹,
›Der Tod und das Mädchen‹ u. a. Auch Diabelli versäumt
nicht länger, den jungen Komponisten zu preisen: »Schon
die Wahl der Gedichte beweist das poetische Gemüth des
Tonsetzers; aber die Art, mit welcher er dichterische Meisterwerke auffaßt u. musikal. wiedergibt, verbürget das
ausgezeichnete Genie des jungen Künstlers.«

Für Schubert bringt das erste Halbjahr 1821 zwei wichtige Ergebnisse: Der Konzert-Triumph führt dazu, dass
nun zunehmend Stücke von ihm – mal ein Lied, mal ein
Chor oder eine Ouvertüre – zur Aufführung kommen.
Wurden sie bisher nur in Privatkonzerten gespielt, so
kommen sie fortan regelmäßiger in den »Abendunterhaltungen« der »Gesellschaft der Musikfreunde« zu Gehör.
Jetzt ist Schubert auch bei den Verlegern kein Unbekannter mehr, und die Zeitungen beginnen, seine Konzert-
stücke zu würdigen und die Liederhefte zu erwähnen.

Exkurs: Das romantische Lied

In den Jahren 1819/20 erreicht die zweite Liedperiode, in
deren Mittelpunkt das romantische Lied steht, ihren
Höhepunkt. Die Auseinandersetzung Schuberts mit den
Themen der Romantik macht zweierlei deutlich: zum einen, dass der Komponist nun die typisch-romantische

Romantik
Die Romantik bildet eine geistes- und stilgeschichtliche Epoche
in der ersten Hälfte des 19. Jahrhunderts. Ihre wichtigsten Merkmale sind die Hinwendung zum Gefühlvollen, Märchenhaften
und Phantastischen, doch auch die Flucht aus der Wirklichkeit
und Versenkung in das eigene, häufig leidende Ich. Die Romantik wird dort positiv, wo sie den Geist der Aufklärung und der
Klassik aufgreift und weiterführt. Typisch ist die Hinwendung
zum Volk, die Verbindung zu Natur, Religion (Pantheismus)
und Vergangenheit bzw. zur Welt der Sagen und Mythen. Die
künstlerischen Formen der Romantik sind vielfältig, wobei der
Subjektivität höchste Bedeutung zukommt. Die Außenwelt wird
häufig auf das Menscheninnere (Gefühl) bezogen, doch auch
umgekehrt das Innere phantastisch ins Äußere gewandelt. Dazu

Phase durchläuft; zum anderen spiegelt sie auch seine persönliche Situation wider – die ständige Frage nach der Existenz und die bittere Erkenntnis, offenbar nie ein bürgerliches Leben führen zu können.

Bereits in den Jahren 1815/16 greift Schubert Themen der Romantik auf. Das beginnt mit der Liebeslyrik Ludwig Th. Kosegartens, danach folgen Lieder mit der Thematik »Tod und Wandern« (etwa ›Der Tod und das Mädchen‹ nach Claudius) und 1818 unter anderem die Sonette von Petrarca. Doch erst 1819/20 ist die »romantische Phase«, die in zahlreichen Liedern ihren Ausdruck findet, erreicht. Der Komponist beschäftigt sich nun intensiver mit den Romantikern der Literatur: Friedrich Schlegel, Novalis, Ludwig

27 Caspar David Friedrich: ›Kreidefelsen auf Rügen‹. Ölgemälde, um 1818

Tieck, Ludwig Uhland und (nochmals) Petrarca. Vielleicht hören Schuberts Freunde Mayrhofer und Schober die

kommt die Sehnsucht, das Höhere, Göttliche, dargestellt in äußeren Symbolen, zu erahnen und zu begreifen.

Die Intensivierung des Gefühls führt zu einer ungeheuren Bereicherung der Gestaltungsmittel. Dies erlaubt, mit den Formen bzw. Gesetzen der Kunst zu spielen und zu experimentieren – ja fordert regelrecht dazu auf. In Literatur, Malerei und Musik wird die offene Form bevorzugt, aber auch die Vermischung von Formen und Gattungen kommt vor.

Die Romantik in der deutschen Literatur beginnt um 1800 und endet um 1830. Die Romantik in der Malerei geht zeitlich über die Literatur hinaus, wobei es später zu Verflachungen kommt. In der Musik gibt es keine scharf umrissene Stilepoche der Romantik, doch auch hier spielen romantische Tendenzen eine große Rolle.

Vorlesungen Schlegels zur Geschichte und Literatur und eignen sich seine ästhetischen Anschauungen an. Man diskutiert, liest Gedichtzyklen wie Schlegels ›Abendröte‹ und Novalis' ›Hymnen an die Nacht‹. Die von Schubert aufgegriffenen Hauptthemen sind »Natur«, »Nacht«, »Fremde«, »Sehnsucht«, »Hoffnung«, »das Göttliche«, »Liebe«, »Tod«, und immer wieder das Bild des »Wanderers«, der im Tod sein Ziel, seine Bestimmung findet.

Unter den rund einhundert Liedern, die Schubert in dieser Zeit komponiert, können hier nur einige aufgeführt werden. Die bereits erwähnte Schlegel-Liederfolge ›Abendröte‹ entstand zwischen 1819 und 1823 – darunter ›Der Schmetterling‹, ›Die Rose‹, ›Die Berge‹, ›Die Sterne‹ u. a. ›Abendröte‹ ist auch das Titellied der Folge benannt, ein Bild der untergehenden Sonne mit Blumen, Vögeln und Menschen. Bekannt sind die drei Lieder aus dem Liederheft op. 65: Das ›Lied eines Schiffers an die Dioskuren‹ (Mayrhofer) besingt die Zwillingssterne Castor und Pollux, die den Schiffer führen und ihm Schutz geben. Zwiesprache mit dem Mond hält ›Der Wanderer‹ (D 649; Schlegel), der sich zu geheimnisvollen Zielen hingezogen fühlt. Ins »Land des Lichts« führt schließlich das dritte Lied ›Heliopolis I‹ (Mayrhofer), das verheißungsvolle Ende der Reise. Im Januar 1820, ein halbes Jahr nach den Novalis-Hymnen I–IV, vertont Schubert dessen ›Nachthymne‹. Ging es in den ›Hymnen‹ um

28 Wilhelm Müller. Stich von
H. Meyer, nach Franz Krüger

die Christus-Beziehung des Menschen, so heißt es in den letzten Versen der ›Nachthymne‹: »Ich lebe bei Tage voll Glauben und Mut und sterbe die Nächte in heiliger Glut«. Hier ist die häufige Doppelgesichtigkeit der Romantik angesprochen, der Widerspruch von Konfliktlösung im Reich des Tages (der Tat) und im Jenseits, bei Gott. Ähnliches trifft auch auf die im Oktober 1819 entstandenen Lieder ›Die Götter Griechenlands‹ (Schiller) und ›Prometheus‹ (Goethe) zu: Der Goethe-Text ist dies-

›Die schöne Müllerin‹

Der Liederzyklus ›Die schöne Müllerin‹ besteht aus zwanzig Liedern, die in der Ich-Form von Liebesglück und späterem Liebesleid eines fahrenden Müllerburschen handeln. Die Müllerin, die vom Müller, dem Gärtner und dem Jäger geliebt wird, begünstigt anfangs den Müller, gibt dann jedoch dem Jäger den Vorzug, und der Müller endet verzweifelt im Mühlenbach.

Die Ursprünge der Textes gehen auf ein Liederspiel des Rokoko zurück, dessen Autor der Dessauer Dichter Wilhelm Müller (1794–1827) ist. Der 25 Gedichte umfassende Text im Geist romantischer Ironie erscheint 1821 in den ›Sieben und siebzig Gedichten aus den hinterlassenen Papieren eines reisenden Waldhornisten‹. Zwei Jahre später, im Herbst 1823, bekommt auch Schubert den Band zu Gesicht, vermutlich bei Schober. Kurz darauf sind die ersten Vertonungen fertig gestellt.

›Die schöne Müllerin‹ gehört zu Schuberts großen tragischen Liederzyklen. Trotz des frohen, hoffnungsvollen Beginns geraten die nun kaum mehr ironischen Lieder in tiefe Trostlosigkeit. Die Verknüpfung von menschlichem Leid und Naturdämonie, ein beliebtes Thema der Romantik, kommt auch hier zum Ausdruck. Die Figur des Müllerburschen legt den naiven, volksliedhaften Ton fest. Die häufigste Liedform ist das Strophenlied, doch auch das variierte Strophenlied und das durchkomponierte Lied kommen vor. Die bildstarken Verse, in denen Natur- und Liebeserleben gleichnishaft nebeneinander stehen, werden mit einfachen Mitteln musikalisch ausgedeutet: mit geringfügigen melodischen Variationen, schlichten harmonischen Wendungen und Tonartencharakteristik. Auch die Klavierbegleitung wird zum Ausdeuten der Bilder genutzt. Sie gibt das Murmeln des Baches wieder und vermittelt ruhig, erregt oder stürmisch die Seelenstimmung des Betroffenen.

Die Lieder werden nicht durch Zwischenspiele zur großen Form verbunden, sondern sind in sich ruhende Einzelstücke.

seitig-erwartungsvoll auf die Tat gerichtet, die Schiller-Verse »Schöne Welt, wo bist du?« dagegen trauern einer Vergangenheit nach, in der Götter und Menschen noch harmonisch nebeneinander lebten. Von der Hoffnung, dass sich »alles, alles wendet ...«, ist schließlich das Uhland-Lied ›Frühlingsglaube‹ erfüllt, das knapp ein Jahr darauf, im September 1820, komponiert wird.

In den Liedern der zweiten Periode wird die Hinwendung zum Lyrischen noch deutlicher. Dies macht sich besonders auf dem Gebiet des Naturliedes bemerkbar. Die Lieder sind häufiger durchkomponiert, und das Strophenlied tritt zurück. Neu sind Lieder »sinfonischen« Charakters, in denen Liedmotive musikalisch fortgesponnen, »verarbeitet« werden. Beispiele dafür sind die Ballade ›Der Zwerg‹ (Collin), ›Grenzen der Menschheit‹ (Goethe) und ›Heliopolis I‹ nach Mayrhofer. Zu den Merkmalen des romantischen Liedes gehört das verstärkte Experimentieren mit Tonarten und harmonischen Abläufen – eine Eigenart, die auch auf andere Genres zutrifft. In der zweiten Liedperiode entwickelt sich zudem das Prinzip der »musikalischen Deklamation«. Bereits in den Goethe-Gedichten faszinierte Schubert die »musikalische« Komponente, d. h. die Verschmelzung von Vokalklang, Reim und Rhythmus. Nach diesem Vorbild verbindet er – wie das bereits zeitgenössische Liedästhetiker fordern – Sprache, Gesang und Begleitung zu »einer noch unbekannten

Weitere Lieder der romantischen Liedphase
›Einsamkeit‹ (Johann Mayrhofer), 1818
›Nachtstück‹ (Johann Mayrhofer), 1819
›Suleika I‹ (Marianne v. Willemer), 1821
›Die Liebe hat gelogen‹ (August von Platen), 1822?
›Selige Welt‹ (Johann C. Senn), 1822?
›Schwanengesang‹ (Johann C. Senn), 1822?
›Schatzgräbers Begehr‹ (Franz v. Schober), 1822
›Willkommen und Abschied‹ (Johann W. v. Goethe), 1822
›An die Entfernte‹ (Johann W. v. Goethe), 1822
›Der Pilgram‹ (Johann W. v. Goethe), 1822
›Das Geheimnis‹ (Friedrich v. Schiller), 1823
›Wanderers Nachtlied‹ (Johann W. v. Goethe), 1824?

Polyrhythmie«, die »Sprache, Sang- und Spielrhythmus
zu einem höheren Kunstganzen führen soll.« (Nägeli)

Zu den Spätwerken der Periode gehört der im Herbst
1823 entstandene Liederzyklus ›Die schöne Müllerin‹.

Schubert im Freundeskreis. Schubertiaden

In den Jahren 1821/22 kommt es zu Veränderungen im
Schubertschen Freundeskreis. Bereits 1820 wird die
Wohngemeinschaft mit Mayrhofer problematisch. Der an
Depressionen leidende Mayrhofer ist reizbar, und die ge-
ringsten Anlässe führen zum Streit. Im Dezember 1820
trennen sich beide, jedoch in Freundschaft. Schubert
zieht aus und mietet sich in der gleichen Straße, nur wenige Häuser entfernt, eine bescheidene Unterkunft.
Schmerzlich ist auch der Fortgang Spauns, der 1821 als
Assessor nach Linz und anschließend nach Lemberg versetzt wird. Durch Spaun lernt Schubert jedoch den jungen Maler Moritz von Schwind (1804–1871) kennen. Der
Siebzehnjährige nimmt an den Leseabenden teil und
wird schnell heimisch. Um sich durchzubringen, malt er
Bilderbogen, Vignetten und Neujahrskarten. Zunächst ist
er noch als Zeichner und Aquarellmaler auf der Suche
nach Orientierung. Die vielen Malerschulen verwirren
und bedrängen ihn. Doch die Musik Schuberts mit ihrem
romantischen Grundton wird ihm bald zur Offenbarung.
Schwind ist musikalisch, spielt Klavier, Laute und versteht es, die Lieder des Freundes vorzutragen. »Wie der

Wien, den 30. Jänner 1821
Vergangenen Freitag habe ich micht recht gut unterhalten, da
die (Sophie) Schober in St. Pölten war hat Franz den Schubert
Abends eingeladen und 14 seiner guten Bekannten. Da wurden
eine Menge herrliche Lieder Schuberts von ihm selbst gespielt
und gesungen … Hernach wurde Punsch getrunken den einer
aus der Gesellschaft gab und da er sehr gut und in Menge da
war, wurde die ohnedies schon fröhlich gestimmte Gesellschaft
noch lustiger, so wurd es 3 Uhr Morgens als wir auseinander
giengen. Du kannst dir denken wie angenehm mir der durch so
viele Jahre entbehrte Genuß so vieler geistvoller Männer ist …
Josef Huber an seine Braut Rosalie Kranzbichler in St. Pölten

29 Moritz von Schwind.
Selbstportrait, 1822

komponiert, so möchte ich malen«, ruft er aus, den Weg schon vor Augen. Schubert und Schwind werden Freunde und sehen sich häufig. Schubert zeigt ihm Kompositionen, nach denen Schwind später Bilder malt – zum ›Erlkönig‹, zum ›Schatzgräber‹ oder zum ›Schwager Kronos‹. Bekannt geworden sind auch Schwinds Darstellungen aus Schuberts Umfeld, darunter ›Schuberts Zimmer‹, ›Ein Schubert-Abend bei Josef von Spaun‹ und ›Spaziergang vor dem Stadttore‹.

Zu Schuberts treuesten Freunden gehört nun auch Josef Hüttenbrenner (1796–1882), der im Staatsdienst tätig ist, als Amateur-Sänger jedoch ganz für die Musik lebt. Verdienstvoll sind die Aufführungen von Schubert-Liedern, mit denen er den Komponisten bekannt macht. Hüttenbrenner hilft auch finanziell, schreibt Briefe an Theaterdirektoren und Verleger, um die Werke des Freundes für Konzerte, Veröffentlichungen usw. anzubieten. Darüber hinaus umsorgt er dessen Haushalt, hält die Notenmanuskripte in Ordnung, zahlt Miete, Honorare für den Schneider und Wirtshausrechnungen.

Schon Jahre zuvor hatte Schubert den Maler Leopold Kupelwieser (1796–1862) kennen gelernt. Doch erst

Moritz von Schwind (1804–1871), einer der bedeutendsten Maler der deutschen Spätromantik, studierte 1818–1821 Philosophie in Wien und später an der dortigen Kunstakademie. 1828 ging er nach München, später nach Italien (1835), Karlsruhe (1840), Frankfurt/ Main (1844) und 1847 – nach seiner Berufung zum Professor – zurück nach München. Schwind erhielt zahlreiche lukrative Aufträge, darunter die Fresken-Darstellungen in der Wartburg (1853–1855) sowie in der Wiener Hofoper (1866–1868). Hinzu kommen religiöse Gemälde,

1821/22 wird die Freundschaft enger. Der Frühbegabte nimmt zwölfjährig das Studium an der Wiener Akademie der bildenden Künste auf und wird später Professor. Klassizistisch orientiert, malt er Portraits, Ölbilder und Aquarelle. Kupelwieser portraitiert auch Schubert und die Freunde; Aquarelle dokumentieren das gesellige Leben des Kreises (z. B. ›Landpartie der Schubertianer‹). Liedillustrationen weisen ihn zudem als Zeichner aus, z. B. zu ›Der Schiffer‹, ›Der Wanderer‹ (D 489) und ›Am Grabe Anselmos‹.

Zu den bedeutendsten, später zum Begriff gewordenen Zusammenkünften gehören auch die Schubertiaden. Im

Entwürfe für Glasfenster u. a. Besondere Popularität erlangten Schwinds zyklische Bildkompositionen (›Die sieben Raben‹) und Gemälde (›Rübezahl‹, ›Im Walde‹, ›Die Hochzeitsreise‹, ›Morgenstunde‹ u. a.).

30   Ein Schubert-Abend bei Josef von Spaun. Unvollendetes Ölgemälde von Moritz von Schwind, um 1868

Mittelpunkt dieser Veranstaltungen, die vor allem Schober organisiert, steht die Musik. Hier bekommt Schubert die Gelegenheit, neue Kompositionen vorzustellen, um ihre Wirkung vor dem Publikum zu erproben. Die erste überlieferte Schubertiade findet im Januar 1821 statt, danach wöchentlich meist bei Spaun oder Schober. Als Gäste werden Intellektuelle geladen, darunter Literaten, bildende Künstler und Musiker. Die Abende beginnen mit Liedern, die von Vogl und Schubert vorgetragen werden. Der weitere Fortgang gestaltet sich unterschiedlich. Schubertiaden sind zugleich ein Ort freier Meinungsäußerung: Man diskutiert über Politik, Philosophie, Kunst und Literatur. Im Sommer 1820, so ist überliefert, findet eine der Schubertiaden auf Schloss Atzenbrugg statt, das vierzig Kilometer westlich von Wien liegt. Der Onkel von Schober besitzt hier ein Gut und verwaltet die reizvoll im Grünen gelegene Anlage. An den drei Tagen, die sich die Schubertianer hier aufhalten dürfen, wird gesungen und musiziert, aber auch Wagenpartien, Ball- und Gesellschaftsspiele finden statt. Abends ist dann wieder Schubert gefordert und muss stundenlang zum Tanz aufspielen. Der Ausflug wird 1822 wiederholt. Zu den damals entstandenen Stücken gehören die sechs ›Atzenbrugger Tänze‹ (D 145/1–3 und D 365/29–31).

Mehrstimmige Gesänge

Bereits im Stadtkonvikt komponiert Schubert mehrstimmige Gesänge. Später, besonders in den Jahren 1821/22, entstehen zahlreiche (dreistimmige) Strophenlieder, durchkomponierte Chorlieder und Kantaten für drei Solostimmen und Klavier, daneben Lieder für mehrere Solisten, Chor und Orchester. Die Stücke sind für den Freundeskreis bestimmt, werden aber auch für Auftraggeber wie z.B. Gesangsvereine komponiert. Beliebt sind Schuberts Vokalquartette (für zwei Tenöre und zwei Bässe), die in Männergesangsvereinen gepflegt werden und später in den »Abendunterhaltungen« der »Gesellschaft der Musikfreunde« zur Aufführung kommen. Mit dem Vokalquartett ›Das Dörfchen‹ (1817), das kantatenförmig, biedermeierlich-idyllisch die Heimat preist, steigt die Nachfrage stark an. Bald gibt es ein Stammensemble, dem zeitweise auch der Satiriker Johann Nestroy angehört. Zu den bekanntesten Vokalquartetten zählen ›Die Nachtigall‹ (1821?), ›Naturgenuss‹ (1822?), ›Frühlingsgesang‹ (1822), und ›Geist der Liebe‹ (1822?). Dazu kommen Stücke für andere Besetzungen, z.B. das bekannte Vokalquintett ›Der Geistertanz‹ (zwei Fragmente; 1812), das Oktett ›Gesang der Geister über den Wassern‹ nach Goethe (1821) und das Quartett für Sopran, Alt, Tenor und Bass ›Des Tages Weihe‹ (1822).

Im Dezember 1822 wird von Schubert auch die Gründung einer »Lesegesellschaft« erwähnt. Diese Idee stammte offenbar von Schober. Dreimal in der Woche rezitiert man die Werke der Klassiker Homer, Aischylos, Shakespeare, Goethe und Kleist. Doch bei solchen Veranstaltungen wird nicht nur gelesen: Schwind und Kupelwieser stellen ihre Bilder vor, und Schubert spielt Klavier. Diese »Abende für Maler, Poeten und Musiker« sind geheim, und teilnehmen darf nur, wer einen künstlerischen Beitrag liefert.

31 Landpartie der Schubertianer in Atzenbrugg. Aquarell von Leopold Kupelwieser, 1820. Links im Bild sind Kupelwieser und Schubert zu erkennen.

Schubert verkehrt auch in bürgerlichen und adligen Häusern, in denen Musikpflege eine Rolle spielt. Hier erfährt er Verständnis, Achtung und manche großzügige Förderung. Schon genannt wurde das Haus des Handelswissenschaftlers und Advokaten Ignaz Sonnleithner, der selbst ein hervorragender Sänger ist. Allwöchentlich finden Hauskonzerte mit hundert und mehr Zuhörern statt. Schubert bringt hier viele Kompositionen zur Aufführung, darunter, wie erwähnt, den ›Erlkönig‹.

Häufig zu Gast ist Schubert im Haus der Brüder Collin, zwei patriotischen Dichtern, die zum Kampf gegen Napoleon aufgerufen hatten. Bereits Beethoven hatte zu Heinrich von Collins (gest. 1811) ›Coriolan‹ die Ouvertüre geschrieben. Matthäus von Collin ist Lyriker und Dramatiker und gehört zu den Wegbereitern der Romantik. Im Collinschen Haus finden Konzerte ähnlich den Schubertiaden statt. Schubert vertont mehrere Collin-Texte, darunter ›Wehmut‹ und ›Nacht und Träume‹.

Zu den rührigen Kunstförderinnen Wiens gehört ferner die Dichterin Karoline Pichler. Sie führt den literarischen Salon ihres Vaters fort und zieht den Kreis der Romantiker an sich. Schubert lernt sie 1820 kennen und vertont ihre Texte, darunter ›Der Sänger am Felsen‹.

Die Beliebtheit Schuberts zeigt zu guter Letzt das Beispiel der vier Schwestern Fröhlich. Diese sind hochmusikalisch und treten in den verschiedensten Wiener Salons auf. Anna, die Begabteste, ist Klavier- und Gesangslehrerin am Konservatorium. Sie vermittelt Schubert Auftragswerke, auf ihre Anregung entstehen zwei vierstimmige Gesänge: ›Der 23. Psalm‹ und ›Gott und die Natur‹. Schu-

Heinrich von Collin (1771–1811), österreichischer Dramatiker, Lyriker und Balladendichter; Vertreter des deutschen und französischen Klassizismus.

Matthäus von Collin (1779–1824), österreichischer Lyriker und Dramatiker. Wurde 1812 Professor für Geschichte und Philosophie in Wien. Neben historischen Dramen und Gedichten machte er sich auch als Ästhetiker, Literaturkritiker und Redakteur der ›Wiener allgemeinen Literaturzeitung‹ einen Namen.

bert kommt gern zu den Fröhlichs, spricht mit ihnen über seine Arbeit und zeigt Neukomponiertes, das sogleich geprobt wird.

Exkurs: Schuberts siebte Sinfonie (Die ›Unvollendete‹)
Kaum ein musikalisches Werk ist so von der Aura des Rätselhaften umgeben wie Schuberts ›Unvollendete‹. Die zwei Sätze dieser Sinfonie entstehen vermutlich im Oktober 1822; der Entwurf eines dritten Satzes (Scherzo) zeugt davon, dass das Werk zum Abschluss gebracht werden sollte. Ein Anreiz zum Komponieren dieser Sinfonie könnte darin bestanden haben, dass sie in den Konzerten der »Gesellschaft der Musikfreunde« zur Aufführung käme. Die Chancen dafür stehen gut, da Schuberts Lieder, Vokalquartette und Ouvertüren dort nun ebenfalls, vor allem in den »Abendunterhaltungen«, gespielt werden.

Der Umstand, dass die Sinfonie nicht fertig gestellt wurde, hat zu verschiedensten, teils auch romantisierenden Vermutungen geführt: dass Schubert nur zwei Sätze kom-

32 Autograph des 2. Satzes der ›Unvollendeten‹

ponieren wollte, mit denen »alles gesagt« sei; dass die Konzeption des dritten Satzes seiner Meinung nach nicht zum Vorherigen passte, was zum Abbruch führte; dass die Sätze 3 und 4 verloren gegangen seien usw. Nach heutiger Sicht kommen insbesondere zwei Theorien in Betracht: Die erste geht davon aus, dass Schubert mit den Sätzen 1 und 2 etwas Einzigartiges, »Unwiederholbares« geschaffen habe, das die Fortführung in der gleichen gedanklichen Tiefe und mit einem »alles überhöhenden« Finale unmöglich mache. Die zweite Theorie dagegen ist wesentlich nüchterner: Schubert bekam während der Arbeit am dritten Satz mehrere Aufträge (darunter den lukrativen zur ›Wandererfantasie‹) und hegte zudem neue Opernpläne, daher habe er die Arbeit unterbrechen müssen und später auf Grund zu großer Distanzierung nicht mehr zu Ende führen können.

Schuberts siebte Sinfonie (Die ›Unvollendete‹; Zählung nach der Neuen Schubert-Ausgabe)
Die siebte Sinfonie lässt in ihrer klaren, übersichtlichen Bauweise zunächst an das klassische Sinfonien-Muster z. B. Beethovens denken. Dies trifft besonders auf den ersten Satz (Allegro moderato) zu, der fast regelhaft der Sonatenhauptsatzform folgt. Doch schon der Beginn wartet mit einer Neuerung in Form der achttaktigen Einleitung auf, einer düsteren Bassfigur, die für den ganzen Satz von Bedeutung ist. Neu und ungewöhnlich ist auch die Form des zweiten Satzes (Andante con moto), der statt der erwarteten Liedform ebenfalls der Sonatenhauptsatzform folgt – diesmal mit zwei lyrischen Themen, die später dramatisch »aufgebrochen« werden. Dazu kommt die Tonart dieser Sinfonie (h-Moll), die wie kaum eine andere dunkel-dämonisch belastet ist. Schon früher komponierte Schubert eine Anzahl von h-Moll-Liedern wie z. B. das ›Grablied für die Mutter‹. »h-Moll«, schreibt der Dichter Christian F. D. Schubart (1739–1791), »ist der Ton der Geduld, der stillen Erwartung des Schicksals …«

Nach der einleitenden Bassfigur wird das Hauptthema des ersten Satzes exponiert: eine Oboen- und Klarinettenmelodie, die schließlich in einen machtvollen Fortissimo-Ausbruch mündet. Dem drängenden, »unheilvollen« ersten Thema folgt kontrastierend das zweite in Form einer ländlerhaft-schlichten Violoncello-Weise. Doch die Idylle trügt, denn auch diese Entwicklung bricht jäh in harschen Tutti-Schlägen ab. Spannungsgeladen gibt

Abenteuerlich ist auch das weitere »Schicksal« der Sinfonie: Schubert, der später, vielleicht nach missglückten Aufführungsversuchen, der Überzeugung ist, dass die Partitur keine Verwendung mehr fände, schenkt sie den Brüdern Hüttenbrenner zum Dank für zahlreiche Freundschaftsdienste. Bis 1865, d.h. über vier Jahrzehnte, wird das Werk von den Brüdern verwahrt, zuletzt von Anselm, der inzwischen selbst komponiert. Erst dem Dirigenten Johann Herbeck (1831–1877), der sich um die Entdeckung unbekannter Schubertwerke verdient gemacht hat, gelingt es, mit Hüttenbrenner zu verhandeln und die Partitur zu erhalten. Kurz darauf, am 17. Dezember 1865, wird das Werk im Redoutensaal der Wiener Hofburg uraufgeführt, mit dem Schlusssatz der dritten Sinfonie als Finale.

Die siebte Sinfonie in h-Moll ist das Ergebnis jahrelangen Suchens und Ringens, was die Sinfonien-Fragmente

sich die Durchführung: Das düstere Thema der Einleitung tritt auf und gewinnt zunehmend die Oberhand. Dann jedoch weichen Dunkelheit und Fatalismus einer immer drängenderen Bewegung, die machtvoll gesteigert wird. Die Reprise führt schmerzlich-wehmutsvoll in die Welt des Gesangs zurück, doch die Coda beschließt mit drei tragischen Orchesterschlägen.

Die Sätze 1 und 2 weisen Ähnlichkeiten auf, sowohl im Takt (3/4, 3/8) als auch im Tempo. Während allerdings der erste Satz vom Kontrast zwischen »bohrender Melancholie« und gefährdeter Idylle lebte, führt nun der zweite (E-Dur) in die Sphäre »abgründiger Lieblichkeit« (Alfred Einstein). Der erste Themenkomplex in E-Dur erscheint als immer weiterfließende, »unendliche Melodie«, die schließlich ins Feierlich-Hymnische mündet. Kontrastierend folgt darauf der zweite Themenkomplex, eine klagende cis-Moll-Klarinettenmelodie, die Gefühle »unendlicher Sehnsucht« beschwört, bis sie sich im Irrgarten der Tonarten verliert. Dann aber brechen Schmerz und Verzweiflung von neuem auf, unter Einsatz des vollen Orchesters. Im versöhnlichen Zwiegesang von Violinen und Violoncelli schließt der Teil. Die stark ausgedehnte Exposition (d.h. die beiden Themenkomplexe) wird noch einmal wiederholt, doch die Durchführung, der klassische Ort »kämpferischer Auseinandersetzung«, fehlt bezeichnenderweise. Das Hauptthema dringt noch einmal zart in Reprise und Coda durch, bevor der Satz im Pianissimo ausklingt.

der Jahre 1818/21 belegen. Die Sinfonie bildet einen Gegensatz zu den Jugendwerken Nr. 1–6, in denen noch klassische Heiterkeit, Poesie und Volkstümlichkeit dominieren. In der ›Unvollendeten‹ vollzieht der Komponist nur wenige Jahre darauf den Wandel zur großen, schicksalsschweren Bekenntnis-Sinfonie. Hier kommt es zur Darstellung schwerer Konflikte und zu dem Versuch, sie zu überwinden. Dabei stehen schmerzliches Ringen, verzweifeltes Hoffen, die Flucht in Traumwelten, die Zerstörung von Illusionen und »wunderbare Entrückungen« dicht nebeneinander. Die Unvereinbarkeit von Lebensidealen und Wirklichkeit findet in diesem Werk ihren eindringlichsten Ausdruck.

Johann Herbeck (1831–1877), österreichischer Dirigent und Komponist, leitete von 1859 bis 1870 und später die Konzerte der Gesellschaft der Musikfreunde. Darüber hinaus leitete er zeitweise die Wiener Hofoper. 1865 reiste er zu Anselm Hüttenbrenner nach Graz, wo ihm dieser – gegen den Willen des Bruders Josef – das Original der ›Unvollendeten‹ überreichte. Unter Herbecks Leitung wurden später viele Schubertwerke uraufgeführt. Zu seinen Verdiensten gehört auch die Idee der Errichtung eines Schubert-Denkmals im Wiener Stadtpark (1872).

Messe As-Dur

Wie die ›Unvollendete‹ ist auch Schuberts As-Dur-Messe ein Werk, das frühere Schöpfungen (d. h. die Messen 1–4) musikalisch und im Umfang weit überragt. Die Skizzen reichen bis ins Jahr 1819 zurück, doch vergehen drei Jahre, bis die Erstfassung im September 1822 vorliegt. Das Werk wird 1826/27 nochmals überarbeitet. Im Gegensatz zu den traditionellen ersten vier Messen ist die As-Dur-Messe ein individuelles Kunstwerk, eine große Konzertmesse. Bemerkenswert sind die Texteingriffe, z. B. das zur Fünfteiligkeit geweitete Kyrie oder (wie schon früher) die Streichung des Glaubenssatzes »Et unam sanctam catholicam et apostolicam Ecclesiam« als Zeichen der Distanz gegenüber der katholischen Kirche. Musikalisch fällt die große Orchesterbesetzung mit Trompeten, Posaunen und Pauken auf. Auch die Chöre treten hervor, z. B. mit wirkungsvollen Unisoni, a-cappella-Abschnitten und Erweiterung bis zur Achtstimmigkeit.

Die musikalischen Themen sind, wie meist bei Schubert, betont liedhaft. Zur Ausdeutung dramatischer Stellen werden dennoch viele Mittel wie etwa dissonante Vorhaltbildungen, expressive chromatische Fortschreitungen, Taktwechsel und sinfonischer Stil in instrumentalen Zwischenspielen eingesetzt. Besondere Bedeutung kommt auch der Tonalität bzw. Harmonik zu; schon die damals ungewöhnliche Tonart As-Dur ist für diese Messe kennzeichnend. Auffallend ist auch die durchdachte Abfolge mediantischer (terzverwandter) Tonarten, d. h. auf das Kyrie in As-Dur folgt das Gloria in Fes-Dur (=E-Dur) und darauf das Credo in C-Dur, was dem Werk seine zunehmende Leuchtkraft gibt. Der vokale Höhepunkt des Werkes ist die Schlussfuge des Credo, ein kontrapunktisches und zugleich klangliches Meisterwerk.

Die As-Dur-Messe findet im konservativen Wien nur wenig Anerkennung. Joseph Eybler, der Hofkapellmeister, äußert sich zwar positiv, doch sei die Messe nicht »in dem Stile komponiert, den der Kaiser liebt«. Von Aufführungen zu Schuberts Lebzeiten ist nichts bekannt. Dennoch besteht die Möglichkeit, dass Ferdinand die Messe in der Altlerchenfelder Kirche vorstellte. Erst Robert Schumann erkennt die Bedeutung des Werkes, das in den 1860er Jahren aufgeführt wird und 1875, auf Initiative Johannes Brahms', in den Druck geht.

Fantasie C-Dur (›Wandererfantasie‹)

Die im Dezember 1822 erschienene ›Wandererfantasie‹ wurde kurz nach der siebten Sinfonie vollendet. Das Werk entsteht im Auftrag des adligen Musikliebhabers und Klavierspielers Emanuel Carl Edler von Liebenberg de Z(s)ittin. Auch Schubert ist von der Qualität des Stücks überzeugt und will es sofort veröffentlichen. Kurz nach der Niederschrift wird es gedruckt; die Kosten trägt vermutlich der Auftraggeber.

Der Titel ›Wandererfantasie‹ geht auf das 1816 komponierte Lied ›Der Wanderer‹ zurück, genauer: auf das in der Liedmitte enthaltene markante Schreitmotiv »Die Sonne dünkt mich hier so kalt«. Das metrisch dem Daktylos folgende Motiv steht für die Thematik des Wanderns, des Todes, und tritt in Schuberts Werken häufig auf. Das Schreitmotiv liegt insbesondere dem zentralen zweiten Satz zugrunde, aber auch den anderen Sätzen. Das Werk ist hoch virtuos und stilistisch zukunftsweisend, besonders mit seinem »orchestral« empfundenen, d. h. vollgriffigen und passagenreichen Klaviersatz. Nach Robert Schumann wollte Schubert »…hier ein ganzes Orchester in zwei Händen vereinen.«

Die ›Wandererfantasie‹ besteht aus vier Sätzen, die strukturell dem Typ der viersätzigen Sonate ähneln. Dabei gehen die Sätze ohne Pausen ineinander über. Im ersten, stürmisch-leidenschaftlichen Satz stehen neben dem »Wanderer-Thema« zwei liedhafte Seitenthemen in E-Dur und Es-Dur, die für leuchtkräftigere Farben sorgen. Der zweite Satz (Adagio) stellt eine freie, phantasievolle Variationsreihe über das »Wanderer-Thema« in zunehmend rasanterer Bewegung dar. Variation 1 bringt das Thema in wiegenden Sechzehnteln, dazu eigentümlichen Dur-Moll-Wechseln. In Variation 2 ist das Thema nur noch rhythmisch präsent, während die Melodik eigene Wege geht. Die Variation 3 ist wieder näher am Thema und stellt E-Dur und cis-Moll – Illusion und Wirklichkeit – hart gegeneinander. Den Höhepunkt bildet die Variation 4, die in nochmals verdoppeltem Tempo mit virtuosen Passagen und Akkordballungen zum stürmischen Abschluss führt. Tänzerisch-schwungvoll gibt sich der dritte Satz (Scherzo), in dem das »Wanderer-Thema« im 3/4-Takt erscheint. Das Finale schließlich wird mit einem Fugenthema eröffnet, das rhythmisch noch einmal an den Kerngedanken erinnert. Doch bald weicht alles »Fugische« der üppigen Klangfantasie des Komponisten. Mit brillanten Läufen und vollgriffigem Satz schließt das Werk.

Dunkle Zeiten

Durchbruch als Opernkomponist?

Schuberts Bemühungen, den Durchbruch als Opernkomponist zu schaffen, stehen in Zusammenhang mit den Kämpfen um die deutsche Nationaloper (1822/23) in Wien. Nur für kurze Zeit kann die Hegemonie der Italiener mit Werken Glucks und Mozarts gebrochen werden, doch schon ab 1817 wird sie wieder hergestellt, diesmal mit dem jungen Rossini, der in Wien Triumphe feiert.

Dennoch gelingt es Anhängern der deutschen Oper, Webers ›Freischütz‹ auch hier durchzusetzen. Fast hat es den Anschein, das Publikum würde seine Gunst dem Deutschen zuwenden, so stürmisch ist der Beifall für das Werk im Februar/ März 1822 im Kärntnertortheater. Doch diese Hoffnungen zerschlagen sich zum zweiten Mal: Der Wiener Hof, der an deutscher

33 Carl Maria von Weber. Lithographie nach einem Gemälde von Carl Christian Vogel

Carl Maria von Weber (1786–1826), Komponist, Dirigent und Opernorganisator, folgte nach abenteuerlichem Wanderleben 1817 der Berufung nach Dresden, wo er die Leitung der deutschen Oper übernahm. Mit dem ›Freischütz‹ wurde er zum Begründer der deutschen Nationaloper, mit der er u. a. in Berlin, Wien und London gastierte. Webers Verdienst besteht v. a. darin, dass er die Forderungen der Romantik in die Sprache des Musiktheaters umsetzte. Der Versuch, mit ›Euryante‹ eine durchkomponierte Oper zu schaffen, gelang dagegen nur teilweise.

> Schubert und ich sind nun von unserm halb Land-, halb Stadt-Aufenthalt wieder zurückgekehrt und bringen die Erinnrung an ein schönes Monat mit. … Unser Zimmer in St. P. (St. Pölten, M. K.) war besonders lieb, die 2 Ehebetten, ein Sofa neben dem warmen Ofen, ein Fortepiano nahmen sich ungemein häuslich und heimisch aus. Abends referierten wir immer einander, was des Tages geschehen war, ließen uns dann Bier holen, rauchten unsere Pfeife und lasen dazu, oder Sofie und Nettel kamen herüber und es wurde gesungen. Schubertiaden waren ein paar beim Bischof und eine bei der Baron. Mink, … wobei eine Fürstin, 2 Gräfinnen und 3 Baroninnen zugegen, die alle aufs nobelste entzückt waren. …
>
> *Brief Schobers an Josef von Spaun, 4. November 1821*

Nationaloper nicht interessiert ist, hat das Theater schon an den italienischen Impresario Barbaja verpachtet, der mit einer Truppe von Elitesängern einzieht und kurz darauf auch das Theater an der Wien beherrscht.

Nach den ›Zwillingsbrüdern‹ und der ›Zauberharfe‹, die im Sommer 1820 zur Aufführung gelangten, drängt Schubert nun zur großen, durchkomponierten Oper. Die Arbeit beginnt im September 1821 mit ›Alfonso und Estrella‹, einer heroischen Ritteroper nach einem Text von Schober. Um voranzukommen, ziehen sich Schubert und Schober auf Schloss Ochsenburg in der Nähe von Atzenbrugg zurück. Bereits im Oktober meldet Schober an Spaun: »Demohngeachtet waren wir fleißig, bes. Schubert, er hat fast 2 Akte, ich bin im letzten. … Abends referierten wir immer einander, was des Tages geschehen.«

Die Handlung der Oper führt auf romantisch-märchenhafte Weise ins spanische Mittelalter: Der von Mauregato

Bühnenwerke ab 1819
›Die Zwillingsbrüder‹, Singspiel, Text: Georg v. Hofmann, 1819
›Die Zauberharfe‹, Zauberspiel, Text: Georg v. Hofmann, 1820
›Alfonso und Estrella‹, Oper, Text: Franz v. Schober, 1821/22
›Fierrabras‹, Oper, Josef Kupelwieser, 1823
›Rosamunde, Fürstin von Zypern‹, Romantisches Schauspiel mit
   Musik, Text: Helmina v. Chézy, 1823
Dazu kommen vier unvollständige und mehrere skizzierte Opern.

gestürzte König Froila hat sich in ein Felsental zurückgezogen, wo »Weisheit und Güte« herrschen. Doch sein Sohn Alfonso will den Thron des Vaters zurückgewinnen. Die nächste Szene führt in die Hauptstadt des Königreiches Ovido. Mauregatos Feldherr Adolfo ist vom siegreichen Kampf gegen Froila zurückgekehrt und wirbt um dessen Tochter Estrella. Mauregato aber zögert, ihm Estrella zur Frau zu geben. Während der Jagd verirrt sich Estrella im Felsental. Sie trifft auf Alfonso, und die beiden verlieben sich ineinander. Der wütende Adolfo plant daraufhin den Sturz Mauregatos. Die Entscheidungsschlacht führt nochmals ins Felsental: Adolfo wird geschlagen, doch im Sinne romantischer Utopie kommt es zur großen Versöhnung. Froila soll den Thron zurückerhalten, Alfonso und Estrella schließen den Ehebund.

In ›Alfonso und Estrella‹ bedient sich Schubert erstmals der durchkomponierten Form. Trotz mancher Dramatik dominiert hier das Lyrisch-Idyllische unter Einbeziehung regelrecht liedhafter Teile. Zu den Vorbildern der Oper gehören neben dem deutschen Singspiel auch die Glucksche Reformoper und die neuere Opera seria Rossinis. Die Ende Februar 1822 vollendete Partitur geht an das Kärntnertortheater.

Das Jahr 1822 vergeht, aber die Antwort des Theaterdirektors Barbaja lässt auf sich warten. Schubert, der schon mit einem neuen Auftrag versehen ist, komponiert bis April 1823 das Singspiel ›Die Verschworenen‹ (›Der häusliche Krieg‹). Das Libretto dazu stammt von dem Wiener Theaterdichter Ignaz Castelli, der den Text nach zwei Komödienstoffen, darunter der ›Lysistrate‹ von

Der Komödiendichter **Aristophanes** (um 445–385) wirkte in einer Zeit, in der die Ordnung und Demokratie im alten Athen durch inneren Verfall und Kriege erschüttert wurden. Er wendet sich mit Kritik und Spott gegen diese Misere und tritt für die Wiederherstellung traditioneller Werte ein. Mit den Komödien ›Die Acharner‹ (425), ›Der Friede‹ (421) und ›Lysistrate‹ (411) wendet er sich gegen den Peloponnesischen Krieg, der im Jahr 431 ausgebrochen war und fast dreißig Jahre wütete.

Aristophanes, gestaltet hat. Das Thema: Nicht eher sind die Frauen heimkehrender Krieger zur Hingabe bereit, als bis ihre Männer dem Kampf entsagen. Castelli spinnt den humanistischen Stoff komödienartig fort: Die Frauen werden überlistet und schließlich überredet, sich ebenfalls ins Schlachtengetümmel zu begeben. Das Ende stimmt versöhnlich: Die einsichtig gewordenen Männer legen die Waffen nieder. Die Musik des Einakters steht unter dem Einfluss Rossinis. Schubert schickt auch dieses Stück voller Hoffnung an das Kärntnertortheater.

Die letzten Takte sind kaum zu Papier gebracht, da setzt Schubert die Arbeit an einer weiteren, bereits begonnenen Oper fort, dem ›Fierrabras‹ (etwa: ›Der Mann mit dem goldenen Arm‹). Der Auftrag dazu stammt von Barbaja nach einer Anregung des Theatersekretärs Kupelwieser, der auch den Text verfasst hat. Die ebenfalls romantischmärchenhafte Handlung spielt zur Zeit Karls des Großen (747–814), der gegen die Mauren kämpft. Im Mittelpunkt steht die Liebe zwischen seiner Tochter Emma und seinem Kanzler Eginhard, noch mehr aber die Figur des gefangen genommenen Maurenfürsten Fierrabras. Nur dessen Großherzigkeit und Verzichtbereitschaft ist zu verdanken, dass nicht nur Emma und Eginhard, sondern auch seine Schwester und Karls Heerführer zusammenfinden und zwischen den Völkern Frieden einkehrt. Der ›Fierrabras‹ gehört zu Schuberts interessantesten Opern – dramatisch, mit großangelegten Szenen, beeindruckenden Soli und musikalischer Figurenzeichnung. In einer idealistischen Utopie stellt der Komponist dabei den »kriegerischen« Tönen die »Welt des Guten« gegenüber: Liebe, Freund-

Ignaz F. Castelli (1781–1862), österreichischer Schriftsteller, schrieb, übersetzte und bearbeitete rund 200 Stücke zumeist unterhaltenden Charakters, auch unter Pseudonym. Neben dem Singspiel-Libretto ›Die Verschworenen‹ vertonte Schubert mehrere Texte Castellis, darunter ›Trinklied‹, ›Frohsinn‹ u.a.

schaft und Toleranz. Auch die dritte Partitur findet im Herbst 1823 den Weg ans Kärntnertortheater. Doch nun ist Schubert mit seinen Kräften am Ende.

Das verhängnisvolle Ereignis

Das wohl schlimmste Ereignis im Leben Schuberts ist die im Januar 1823 ausbrechende Syphilis. Bereits gegen Ende 1822 muss er sich infiziert haben, d. h. kurz nach der Arbeit an der ›Unvollendeten‹. Schuberts noch verblei-

34   Franz Schubert. Bleistiftzeichnung von Leopold Kupelwieser, 1821

bende Schaffenszeit wird von dieser tragischen Erkrankung überschattet; sie schränkt ihn ein, raubt Hoffnungen, verdunkelt sein Gemüt.

Die Ursachen für Schuberts Verhängnis sind leicht nachvollziehbar. Käufliche Liebe ist in Wien sehr verbreitet, und Junggesellen müssen mit der drohenden Infektionsgefahr rechnen. Die Krankheit hat sich Schubert bei gemeinsamen Abenteuern mit Schober zugezogen, der auch betroffen ist. Schober mit seinen gefährlichen Neigungen zur Genusssucht erscheint als großer Verführer.

Venerische Krankheiten gelten zu damaliger Zeit als Schande. Schubert hält sie geheim und offenbart das Dilemma erst später, nach der Zunahme des Seelendrucks. Der Ausfall von musikalischen Abenden und sein Fernbleiben von Lesungen werden zunächst mit anstrengender Arbeit – vor allem mit den Opernprojekten – begründet. Doch auch der Komponist Ignaz Mosel, der für Schuberts Opernpläne wichtig ist, muss Ende Februar erfahren, dass »Gesundheitszustände« ihm »noch immer nicht erlaubten, außer Haus zu gehen.«

Der Ausbruch der Krankheit erschwert auch die Wohnsituation. Schubert, der seit dem Herbst 1822 nicht nur in seinem Quartier bei Schober, sondern auch im Schulhaus logiert, packt im Frühjahr 1823 die Angst, die Familie könne Verdacht schöpfen. Nach einem zwischenzeitlichen Aufenthalt im Hause Schobers, der sich nach Breslau absetzt, »um Schauspieler zu werden«, haust er später, ab Herbst, bei einem Freund Mayrhofers. Aber nun tritt die Krankheit in ihr nächstes Stadium: Der Hautausschlag macht sich bemerkbar, und Schubert muss das Bett

Schuberts Verhältnis zu Frauen ist bis heute nicht hinreichend bekannt, da die Dokumente oft nur vage, z. T. auch verschlüsselte Andeutungen liefern. Fest steht, dass Schubert ungeachtet seiner Schüchternheit ein leidenschaftlicher Mensch war, der sich nach Liebe sehnte. Die Beziehung zu Therese sowie die (spätere) Zuneigung zu Caroline von Esterházy sind dokumentiert, wenn auch nur spärlich. Weitere »Beziehungen«, etwa zu einer der Fröhlich-Schwestern oder zu dem Zelizer Stubenmädchen Pepi Pöckelhofer gehören offenbar ins Reich der

hüten. Der konsultierte Arzt rät zur Behandlung. Vermutlich im September/Oktober hält sich der Patient daher im »Allgemeinen Krankenhaus« auf. Möglicherweise erwartet ihn dort auch die »große Kur«, der Aufenthalt im Quecksilberdampfbad. Die Behandlung bringt Haarausfall mit sich, und Schubert muss eine Perücke tragen. Doch die Kur schlägt an. Schwind schreibt voller Hoffnung an Schober, dass Schubert »auf dem besten Weg der Genesung …« sei (9. November). Bereits am 22. Februar 1824 heißt es dann: »Schubert ist sehr wohl, er hat seine Perücke abgelegt und zeigt einen niedlichen Schneckerlanflug.« Vier Wochen nach dem 14. März, der Aufführung des neuen Streichquartetts in a-Moll (»Rosamunde«) in einem Konzert der »Gesellschaft der Musikfreunde«, muss Schwind jedoch mitteilen, dass Schubert »Schmerzen im linken Arm« habe und »gar nicht Klavier« spielen könne. Möglich ist, dass nun schon die Symptome des dritten Stadiums hinzutreten. Die ganze Wahrheit offenbart ein Brief vom März 1824 an Leopold Kupelwieser, der zu den erschütterndsten Dokumenten gehört: »Mit einem Wort, ich fühle mich als den unglücklichsten, elendsten Menschen auf der Welt. Denk Dir einen Menschen, dessen Gesundheit nie mehr richtig werden will, u. der aus Verzweiflung darüber die Sache immer schlechter statt besser macht, denke Dir einen Menschen, sage ich, dessen glänzendste Hoffnungen zu Nichte geworden sind, dem das Glück der Liebe u. Freundschaft nichts biethen als höchstens Schmerz, dem Begeisterung … für das Schöne zu schwinden droht, und frage Dich, ob das nicht ein elender, unglücklicher

Legende. Nach der Syphilis-Erkrankung 1823 musste Schubert zu der Erkenntnis kommen, dass eine feste Beziehung nicht mehr infrage kam, eine Tragik, die heute kaum vorstellbar ist. Für Schubert als Künstler ist jedoch wichtig, dass ihn – nach Worten des späteren Freundes Eduard von Bauernfeld – auch die »ideelle Liebe« beflügelt und sein Schaffen inspiriert. Dies gilt ebenso für Frauen, zu denen Schubert künstlerische Kontakte pflegte, z. B. zu den Fröhlich-Schwestern, zu Marie Pachler, zu der Sängerin Anna Milder oder der Gräfin v. Weißenwolff.

Mensch ist? – ›Meine Ruh ist hin, mein Herz ist schwer …‹, so kann ich wohl jetzt alle Tage singen, denn jede Nacht, wenn ich schlafen geh, hoff ich nicht mehr zu erwachen …«

Misserfolge und Einsamkeit

Im Sommer 1823 wird Schubert trotz seiner Krankheit von Vogl zu einer Steiermark-Reise eingeladen. Vieles hatte sich der Jüngere inzwischen anhören müssen: dass er undankbar sei, dass er dem schlechten Einfluss Schobers unterläge und dass er mit seinen Opernplänen den falschen Weg beschreite.

Zurück in Wien – kurz vor dem Krankenhaus-Aufenthalt – versucht Schubert nun, seine Opernprojekte durchzusetzen. Doch die Prophezeihungen Vogls scheinen sich zu bewahrheiten. Das Kärntnertortheater schickt ihm ›Alfonso und Estrella‹ ohne Kommentar zurück. Schubert gibt nicht auf und setzt auf die Rückkehr Webers, der nach dem ›Freischütz‹ die ›Euryante‹ aufführen will. Weber, so hofft er, wird ihm eine Inszenierung in Dresden

Mein Gebet.

Tiefer Sehnsucht heil'ges Bangen
Will in schön're Welten langen;
Möchte füllen dunklen Raum
Mit allmächt'gem Liebestraum.

Großer Vater! reich' dem Sohne,
Tiefer Schmerzen nun zum Lohne,
Endlich als Erlösungsmahl
Deiner Liebe ew'gen Strahl.

Sieh, vernichtet liegt im Staube,
Unerhörtem Gram zum Raube,
Meines Lebens Martergang
Nahend ew'gem Untergang.

Tödt' es und mich selber tödte,
Stürz' nun Alles in die Lethe,
Und ein reines kräft'ges Sein
Lass', o Großer, dann gedeih'n.
8. Mai 1823

Gedicht von Schubert, unter dem Einfluss der Krankheit entstanden

vermitteln. Die ›Euryante‹-Premiere findet im Oktober statt. Auf die Frage Webers, wie ihm das Werk gefalle, antwortet Schubert ihm offen wie immer, »es habe ihm wohl einiges gefallen, allein es sei ihm zu wenig Melodie darin, und der ›Freischütz‹ sei ihm um gar vieles lieber«. Weber, der von dem Urteil des Jüngeren getroffen ist, verliert daraufhin das Interesse an Schubert und seinen Projekten.

Kaum besser ergeht es dem Singspiel ›Die Verschworenen‹. Nach einem Jahr, Anfang 1824, erhält Schubert die Partitur zurück. Nicht einmal der Umschlag wurde geöffnet. Denkbar ist, dass sich das Theater damals mehr für große, abendfüllende Stücke interessierte.

Doch immerhin wird der ›Fierrabras‹ angenommen und sogar geprobt. Dann aber heißt es, nach dem Misserfolg der ›Euryante‹ sei man an deutschen Opern nicht mehr interessiert. Das Stück wird »zurückgestellt« und später, nach längerem undurchsichtigem Hin und Her, abgesetzt. Vielleicht gab der Fortgang des Theatersekretärs und Textdichters Kupelwieser den letzten Ausschlag, vielleicht aber auch die Trennung zwischen dem Theatereigentümer Palfy und Barbaja.

Schuberts Scheitern an der Bühne gehört zu den tragischen Seiten im Schaffen des Komponisten. Trotz vieler Bemühungen wird ihm hier kaum Erfolg zuteil, auch nicht nach seinem Tode. Die Ursachen, die zu dem Opern-Dilemma führten, sind vielfältig. Manche Probleme wie

Obwohl sich Schuberts Opern nicht durchgesetzt haben, gibt es immer wieder Bemühungen, das Bühnenwerk des Komponisten neu zu entdecken. Inszenierungen auf großen Bühnen sind z. B.
›Fierrabras‹, Philadelphia, 1980
›Fierrabras‹, Augsburg, 1982
›Des Teufels Lustschloss‹ (konzertant), Wien, 1986
›Fierrabras‹, Wien, 1988
›Des Teufels Lustschloss‹, Graz, 1990
›Des Teufels Lustschloss‹, Zürich, 1995
›Alfonso und Estrella‹, Wien, 1997
›Fierrabras‹ (konzertant), Berlin, 1997 u. a.

die Situation in Wien, seine Unbekanntheit oder die Konkurrenz wurden schon erwähnt. Dazu kommt die unglückliche Wahl zweitrangiger Textbücher, auf die sich der Komponist immer wieder einließ. Gerade die Prüfung des Librettos auf Bühnenwirksamkeit gehört zum Wichtigsten für das Gelingen einer Oper. »Ich habe leicht hundert, ja wohl mehr Bücheln durchgesehen ...«, schreibt Mozart 1783 dem Vater, und Verdi nimmt sogar Einfluss auf die Entstehung der Libretti. Außerdem wird der Vorwurf geäußert, die Opern entbehrten der musikalischen Dramatik: Der Komponist verfalle wie in den Sinfonien oder der Klaviermusik dem Ergehen in Eindrücken, dem stimmungsmäßigen Verweilen. Zeitgenossen widersprechen dem jedoch und behaupten, dass er »ins Gebiet des Dramatischen ... bes. zu inklinieren« schien.

Dem Opernkomponisten Schubert ist es dennoch gelungen, einen eigenen, individuellen Stil zu finden. Dazu gehören die unverkennbare Melodik, das deklamatorische Moment und die sinfonische Behandlung des Orchesters, die später zur durchkomponierten Oper führt.

Schuberts Opern sind nach seinem Tode verschiedentlich aufgeführt worden, und manche Werke, z.B. der ›Fierrabras‹, werden bis heute inszeniert.

Doch nicht nur Misserfolge und Krankheit belasten das Jahr 1823; dazu kommt der zunehmende Zerfall des Freundeskreises. Am Anfang, im Dezember 1920, stand die Trennung von Mayrhofer, der 1836 Selbstmord begeht. Auch der Fortgang Schobers macht Schubert schwer zu schaffen. Trotz der gesundheitlichen Zerrüttung, die ihm der Freund einbrachte, ist er nicht in der Lage, sich von

Auflösung des engeren Freundeskreises
Das war an Schuberts Geburtstag. Wir hatten ein Fest bei der Kron, und wiewohl alle sehr besoffen waren, so wünschte ich doch, daß Du, um des Schuberts Freude über Dein Glück willen, dabei gewesen wärest. Im höchsten Rausch konnt' ich sehen, wie jeder ist. Alle waren mehr oder weniger dumm, Schubert schlief. Bruchmann allein, wiewohl (er) von allem nichts mehr weiß ...
Brief Schwinds an Schober, 2. Februar 1824

dem »göttlichen Kerl« zu trennen. Zu beklagen ist auch der Verlust Kupelwiesers, der einen russischen Edelmann nach Italien begleitet. Er gehörte zu den wenigen, denen sich Schubert noch anvertraute.

Mit der Auflösung des engeren Freundeskreises verflachen auch die Schubertiaden und die Leseabende. Bitter beklagt sich Schubert in seinen Briefen an Schober über deren Verfall: »Stundenlang hört man unter der obersten Leitung des Mohns nichts anderes als ewig von Reiten und Fechten, von Pferden und Hunden reden. Wenn es so fortgeht, so werd ichs vermutlich nicht lange unter ihnen aushalten.« Und an Kupelwieser schreibt er: »Unsere Gesellschaft … hat sich … wegen Verstärkung des rohen Chors im Biertrinken und Würstelessen den Tod gegeben, denn ihre Auflösung erfolgt in 2 Tagen …«

In den Krisenjahren 1823/24 entstehen neben Opernwerken auch die Klaviersonate a-Moll (D 784, Anfang 1823), das Streichquartett a-Moll ›Rosamunde‹ (D 804,

Die Musik zum Schauspiel ›Rosamunde‹

Im Herbst 1823 bekommt Schubert den Auftrag, die Musik zu dem romantischen Schauspiel ›Rosamunde, Fürstin von Zypern‹ von Helmina von Chézy, der Textdichterin der ›Euryante‹, zu komponieren. Das Stück handelt von der als Hirtin aufgezogenen Prinzessin Rosamunde. Als sie volljährig ist, steht ihr die Herrschaft über Zypern zu, was der neidische Statthalter Fulgentius verhindern will. Schubert komponiert dafür drei Zwischenaktmusiken, eine instrumentale ›Hirtenmelodie‹, zwei Ballette, ein Sololied und drei Chöre. Als Ouvertüre dient die schon vorhandene zu ›Alfonso und Estrella‹. Die Uraufführung des Schauspiels findet am 20. Dezember 1823 am Kärntnertortheater statt und wird ein Misserfolg. Möglicherweise entbehrte das (verlorene) Textbuch der Logik und konnte aufgrund grotesker Unwahrscheinlichkeiten nicht überzeugen. Doch im Gegensatz dazu findet Schuberts Musik höchsten Beifall; das Publikum fordert applaudierend Wiederholung. Später steht der ›Rosamunde-Musik‹ auf Wunsch des publizierenden Verlags C. A. Spina die Ouvertüre zur ›Zauberharfe‹ voran. Sie atmet den Geist Rossinis, ist jedoch mit ihrer weitgeschwungenen Melodik und reichen Harmonik typisch für Schubert. Die Ballett- und Zwischenaktmusiken sind von gleicher Anmut.

35   Illustration zu ›Rosamunde‹.
Postkarte, Anfang 20. Jahrhundert

März 1823), das Oktett F-Dur (D 803) für Klarinette, Fagott, Horn, zwei Violinen, Viola, Violoncello und Kontrabass sowie das dunkel-dramatische Streichquartett d-Moll ›Der Tod und das Mädchen‹ (beide Februar 1824). Die Sonate offenbart nun einen anderen, durch allen Schmerz gegangenen Schubert. Geradezu sinfonisch gibt sich die gegensätzliche Thematik im ersten Satz, der mit einem seltsam fahlen Gedanken beginnt. Gesanglichkeit und Idylle werden auch in den Folgesätzen durch jähe Ausbrüche gestört.

In der Haltung ähnlich ist auch das Oktett, ein Auftragswerk des Kammerherrn von Erzherzog Rudolph, der sich wünscht, das Stück solle Beethovens berühmtem

Streichquartett d-Moll ›Der Tod und das Mädchen‹

Zu Schuberts düstersten Kompositionen gehört das Streichquartett in d-Moll »Der Tod und das Mädchen«. Dieses im März 1824 entstandene Quartett bezieht sich musikalisch auf das gleichnamige Lied (1817) nach einem Gedicht von Matthias Claudius. Ein Zusammenhang zwischen diesem Werk und den seelischen Belastungen des Komponisten, die im Winter 1824 ihren Höhepunkt erreichen, liegt nahe. Das Stück wird später im Freundeskreis vorgestellt, wo es jedoch nur wenig Anklang findet.

Das Streichquartett ist von hoher Expressivität und motivischer Dichte. Die drei Hauptthemen – Tonwiederholung (altes Todesmotiv) und die erst auf-, dann absteigende Melodie (Entsetzen und Resignation) – stammen aus dem 1817 geschriebenen gleichnamigen Lied. Hochdramatisch ist schon der erste Satz mit seiner kühnen Harmonik. Zu Beginn werden zwei der Themen exponiert, die Tonwiederholung und die schmerzlich absinkende Intervall-Figur. Darauf folgt eine markante Steigerung, charak-

Septett op. 20, d. h. dessen Divertimento-Form, ähneln. Schubert kommt dem zwar teilweise nach, doch im Gegensatz zu dem musikantisch-frohgestimmten Vorbild entsteht nun ein tiefernstes Werk als Ausdruck seiner seelischen Befindlichkeit.

terisiert durch immer höher strebende Spitzentöne. Der Komponist bedient sich hier zahlreicher Mittel zur Ausdrucksintensivierung; auffällig sind zunächst Tonartenwechsel, Modulationen und harmonische Rückungen, später in der Durchführung eng verzahnte Themenkombinationen und differenzierte rhythmische Überlagerungen. Die zweite Steigerung mit ihrer jäh wechselnden Harmoniefolge führt in die Reprise. Still, gleichsam entkräftet, schließt der Satz.

Der langsame zweite Satz »Thema mit Variationen« gemahnt in seinem feierlichen Rhythmus an einen Totentanz. Das Thema stammt aus der Klavierbegleitung des Liedes und dem Schluss der tröstenden »Todesstrophe«. Der dritte Satz, dessen Unruhe unter anderem auf Synkopen-Rhythmen beruht, gibt sich düster-trotzig. Auch hier wird die Thematik aufgegriffen, und nun auf engstem Raum. Im Presto-Finale verbreiten die wiederkehrenden unheimlichen Unisono-Abschnitte Angst und Schrecken. Die gehetzte Bewegung wird hier gegen Schluss noch gesteigert, die Harmonik immer kühner – bis hin zur Verfremdung.

36 ›Der Tod und das Mädchen‹. Stich von Max Klinger

Das Streichquartett in a-Moll ist nicht so bedrückend und lebt von seiner überaus gesanglichen Melodik. Der zweite Satz greift die ›Rosamunde‹-Musik auf, doch der dritte Satz zitiert noch einmal schmerzliche Motive aus der Schiller-Vertonung ›Die Götter Griechenlands‹ (1819): »Schöne Welt, wo bist du?«

Zum zweiten Mal in Zseliz.
Die große Reise nach Oberösterreich

Zseliz und zwei Begegnungen

Nach der Besserung seines Gesundheitszustandes folgt
Schubert im Sommer 1824 nochmals dem Angebot, die
gräfliche Familie von Esterházy ins ungarische Zseliz zu
begleiten. Der Aufenthalt von Ende Mai bis Oktober ist
ein Glücksfall: Nun erhält er monatlich einhundert Gulden, dazu kommt die kräftigende Landluft, die seinem
geschwächten Körper wohl tut. Auch die Behandlung ist
nun respektvoller, sogar herzlicher. Im Schloss bewohnt
er erst ein, dann zwei Zimmer und darf sogleich mit an
der herrschaftlichen Früh-
stückstafel sitzen. Seine
Pflichten sind ihm bekannt:
das Musizieren mit der
gräflichen Familie und der
Klavierunterricht für Marie
und Caroline.

Schubert, der die beiden
Komtessen seit langem
kennt, wird nun von einer
heftigen Zuneigung zu
der jüngeren, inzwischen
neunzehnjährigen Caroline
erfasst. Wie Eduard von

37   Caroline Esterházy

Bauernfeld, ein späterer Freund, berichtet, ist er »zum
Sterben verliebt und drückte sich den Liebespfeil immer
tiefer ins Herz.« Schubert und Caroline sehen sich täglich. Schubert schweigt und verbirgt seine Gefühle. Caroline schätzt ihn, doch ist nicht bekannt, inwieweit sie seine Gefühle erwidert. Vielleicht erfasst sie den Grad
seiner Zuneigung gar nicht. Ein Dialog ist überliefert,
nach dem sie ihm scherzhaft vorwirft, nie habe er ihr ein
Musikstück gewidmet. Schubert darauf: »Wozu denn, Ihnen ist ja ohnehin alles gewidmet …«

Caroline ist kindlich und verträumt. Sie weiß nichts
von der Welt und am wenigsten von den Qualen, die ihr
Musiklehrer durchmacht. Sie soll geäußert haben: »Wenn
es im Himmel nicht ebenso schön ist wie in Zseliz, dann
will ich gar nicht in den Himmel kommen.« Mit neun-
unddreißig Jahren geht sie eine Ehe ein, die kurz darauf
wieder gelöst wird.

Schubert ist sich der Aussichtslosigkeit dieser Liebe bewusst. Sein Stand verbietet ihm, darüber auch nur nach-
zudenken. Dazu kommt die Schmach der Krankheit.
Doch das Schicksal hat ihn reifen lassen, so dass er weniger leidet und den Schmerz zu sublimieren versteht. Bauernfeld berichtet dazu: »Bei unserem Freund wirkte zum
Glück eine ideelle Liebe vermittelnd, versöhnend, aus-
gleichend, und man darf Komtesse Karoline als seine
sichtbare, wohltätige Muse … betrachten.«

Die Pflichten und persönlichen Erlebnisse des zweiten
Zselizer Sommers spiegeln sich auch im kompositorischen Schaffen wider. Nochmals entstehen Klavierstücke
zu vier Händen, darunter das ›Grand Duo‹ (D 812), die

Für den lyrischen Dichter wie für den Tondichter ist eine unglückliche Liebe … vielleicht ein Vorteil, indem sie seine subjek-
tiven Empfindungen erhöht und den Gedichten und Liedern, die
ihr entströmen, Farbe und Ton der schönsten Wirklichkeit auf-
drückt. Produktionen wie die beiden ›Suleika‹, die ›zürnende
Diana‹, vieles aus den Müller-Liedern und der ›Winterreise‹, lauter musikalische Selbstbekenntnisse, in die Glut einer wahren und
tiefen Leidenschaft getaucht, sind geläutert und abgeklärt als

›Acht Variationen über ein eigenes Thema‹ (D 813) und die ›Six Grandes Marches‹ (D 819). Die Lieder ›Ungeduld‹, ›Morgengruß‹ und ›Des Müllers Blumen‹ gelten gleichfalls Caroline. Nicht zu unterschätzen ist der Einfluss der ungarischen Volksmusik, wie sie in Zseliz und Umgebung zu hören ist. Sogar im Schloss, in der Esterházy-

38 Titelblatt der ›Fantaisie‹ zu vier Händen von Franz Schubert

schen Küche wird der Komponist fündig: Da singt am Herd eine ungarische Magd, und der Komponist notiert sich die Melodie. Später ist daraus das ›Divertissement à l'hongroise‹ geworden. Ungarisches Kolorit begegnet einem auch in anderen Klavierstücken dieser Zeit.

Trotz des äußerlichen Wohlergehens, des Respekts und der Freundlichkeit, die man Schubert entgegenbringt, fühlt er wie schon sechs Jahre zuvor das Angebundensein. Wird er aufgefordert, ein Gedicht für das Hausquartett zu vertonen, ist dies bis zum Abend abzuliefern. Liegt eine Einladung zum Spaziergang vor, muss das Komponieren unterbrochen werden. Künstlerische Vorhaben kann er niemandem anvertrauen. »Nun sitz ich allein hier im tiefen Ungarlande, … ohne auch nur einen Menschen zu haben, mit dem ich ein gescheidtes Wort reden könnte …«, schüttet er Schober sein Herz aus. Einsamkeit und Depressionen kehren in solchen Momenten zurück.

echte Kunstwerke in schönster Form aus dem zarten Innern des Liebenden hervorgegangen …
Eduard von Bauernfeld: »Einiges von Franz Schubert«,
in: ›Schubert. Die Erinnerungen seiner Freunde‹,
hg. von Otto Erich Deutsch, Wiesbaden 1983

> Ich lernte Schubert bei meinem Freund, dem erwähnten Gr. Joh.
> K. Esterházy … kennen. Ich trieb von früh her Gesangsmusik,
> sang bisher nur italienische Musik; erst Schuberts Lieder er-
> weckten die Liebe zum deutschen Liedergenre, welchem ich von
> da an, insbesondere aber den Schubertschen Liedern, fast aus-
> schließlich mich widmete …
>
> *Karl Freiherr von Schönstein, »Bemerkungen über Franz Schubert*
> *an Ferdinand Luib, Januar 1857«, in: ›Schubert. Die Erinnerungen*
> *seiner Freunde‹, hg. von Otto Erich Deutsch, Wiesbaden 1983*

Dennoch kommt es zu einer Begegnung, die für Schubert nicht nur menschlich, sondern auch künstlerisch
wertvoll ist – mit dem jungen Baron Karl von Schönstein.
Beide hatten sich schon während des ersten Zselizer Auf-
enthalts kennen gelernt. Schönstein ist im Staatsdienst
tätig, aber zugleich ein begabter Sänger mit Bildung und
Ausdrucksempfinden. Bei den Esterházys ist er gern gesehen. Schubert und Schönstein unternehmen gemeinsa-
me Wanderungen und diskutieren über Kunst. Schuberts
Triumph ist, dass er Schönstein als Anhänger der italienischen Oper für das deutsche Lied zu gewinnen vermag.
Beide treten später in verschiedenen Wiener Salons auf.
Besonders der Liederzyklus ›Die schöne Müllerin‹ bringt
dem Sänger und dem Komponisten große Erfolge.

Herbst und Winter in Wien. Dichter, Maler und Komponist

Trotz des Schmerzes, den Schubert nach der Rückkehr
aus Zseliz – am 16. Oktober – mitbringt, wirkt er ver-
jüngt, vor allem aber gesünder. Zunächst zieht er zum

> Übrigens male ich den ganzen Tag und gehe selten aus. Immer
> einmal zum Schubert auf einen Sprung, zu Vogl oder zu Hönig
> … Wenn Du nur einmal Schubert und mich sehen könntest.
> Wenn ich in der Früh zu ihm in die Roßau geh' oder wenn wir
> ein Sonntag Nachmittag zusammen verleben. Das ist ein wahres
> Malheur. Aber auch so komisch als was auf der Welt. Vor einer
> Woche war er mit mir bei Hönig, … Um sechs kamen wir zu-
> sammen, und um 7 Uhr wollten wir erst hingehen … Was ist in-

39 Der Hof des »Mondscheinhauses«. Zeichnung von Moritz von Schwind

Vater, doch schon im Februar des Folgejahres 1825 drängt es ihn fort in die Vorstadt Wieden, in die Nähe des »Mondscheinhauses«, wo Schwind mit seiner Mutter und seinen Brüdern wohnt. Er findet zunehmend in die Außenwelt zurück. Zusammen mit dem Ungarn Gahy stellt er Zselizer Klavierstücke zu vier Händen vor. Kurz darauf lernt er die beliebte Burgtheater-Schauspielerin Sophie Müller kennen, in deren Salon er häufig zu Gast ist. Diese Künstlerin, die zugleich sängerisches Talent besitzt, widmet sich mit Hingabe dem Vortrag seiner Lieder.

Seit dem Fortgang der Freunde ist die Verbindung zu Schwind unzertrennlich geworden. Das »Mondschein-

dessen zu tun? In kein Kaffeehaus will er nicht, also zum Lenkay, wo er immer mit Senn hingegangen ist. Es kommt ein Halbflaschen Tokayer, und bei der Hälfte war ohne große Gefahr nicht ratsam, weiter zu trinken. … Da niemand in der Nähe war, der es aufheben konnte, so nahm ich es zu Hönig mit, wo es unter vielem Gelächter hervorgebracht und ausgetrunken wurde.

Brief Schwinds an Schober, 7. Januar 1825

haus« wird Schuberts häufigster Aufenthaltsort. »Wir sehen uns täglich«, meldet er Schober, »und soviel ich kann, teile ich sein ganzes Leben mit ihm.« Dieses »Leben« spielt sich zumeist auf dem »Platzl« vor dem Hause ab – eine Idylle inmitten der Stadt. Da sieht man Schwind in einer Laube sitzen und zeichnen, Bruder August studieren und Franz die nicht fortzudenkende Pfeife schmauchen. Lässt es die Witterung zu, werden Matratzen nach draußen getragen, um im Freien zu nächtigen und die Sterne zu beobachten. Im Winter baut man Schneewälle und Sphinxe, liefert sich Schlachten und deklamiert dabei Homersche Verse. Bereits im Februar gesellt sich zu den beiden ein Dritter: der Lustspieldichter und Librettist Eduard von Bauernfeld (1802–1890). Schon 1821 hatte dieser nach einem Konzert begeistert ins Tagebuch notiert: »Das Beste ein Quartett von Schubert. Ein herrlicher Mensch! Den muss ich kennen lernen.« Die erste Begegnung zwischen Schubert und Bauernfeld datiert von Anfang 1822 bei einer Abendgesellschaft des Theologie-Professors Vincentius Weintridt. Bauernfeld ist demokratischer Gesinnung und gilt als Vorkämpfer der Pressefreiheit. Bald ist er Hausdichter am Burgtheater und schreibt dort Komödien – nicht ohne Spitzen gegen die Missstände der Zeit. Schwind und Schubert sind von ihm angetan und nehmen den Dichter in ihre Mitte. Bauernfeld schildert später das Bohème-Leben der Freunde: »Wie oft strichen wir drei bis gegen Morgen herum, begleiteten uns gegenseitig nach Hause – da man aber nicht imstande war, sich zu trennen, so wurde nicht selten bei diesem oder jenem gemeinschaftlich übernachtet. Mit

Mein verehrtester Herr Schubert!
Ich eile Ihnen zu melden, daß ich Ihre Oper Estrella und Alfonso sowie auch den zweiten Gesang der Zulaika mit unendlichem Vergnügen erhalten habe … Zulaikas zweiter Gesang ist himmlisch und bringt mich jedesmal zu Thränen. Es ist unbeschreiblich; allen möglichen Zauber und Sehnsucht haben Sie da hineingebracht, sowie im erstern Gesang der Zu. und im ›Geheimnis‹. Zu bedauern ist dabei nur, daß man all diese unendlichen Schön-

dem Komfort nahmen wir's dabei nicht sonderlich genau! Freund Moritz warf sich wohl gelegentlich, bloß in
eine lederne Decke gehüllt, auf den nackten Fußboden
hin … In der Frage des Eigentums war die kommunistische
Anschauungsweise vorherrschend: Hüte, Stiefel, Halsbin-
den, auch Röcke … waren Gemeingut, gingen aber nach
und nach … in unbestrittenen Privatbesitz über. Wer eben
bei Kasse war, zahlte für den oder die anderen …«

Zu den Begegnungen des Winters 1825 gehört auch die
mit Anna Milder, der Repräsentantin des deutschen
Opernideals. Schubert hatte sie bereits 1811/12 gehört;
im Kärntnertortheater singt sie später die Titelrolle von
Glucks ›Iphigenie auf Tauris‹. Sie ist seit 1815 in Berlin en-
gagiert, gastiert jedoch weiterhin in Wien. Im März 1825
macht sie Schubert das Angebot, für Berlin eine Oper
zu komponieren. Schubert
schickt ihr ›Alfonso und
Estrella‹, aber Anna Milder
bedauert: »man ist hier die
große, hoch tragische ge-
wöhnt oder die französi-
sche Oper …« Schubert,
der daraufhin – das letzte
Mal – für ein Opernprojekt
entflammt, bittet Bauern-
feld, ein Textbuch zu schreiben. Der Freund schlägt
das Sujet ›Grafen von Gleichen‹ nach der bekannten
Volkssage vor.

heiten nicht dem Publikum
vorsingen kann, indem die
Menge leider nur Ohren-
schmaus haben will …
Brief der Sängerin Anna
Milder, 8. März 1825

40   Die Sopranistin Anna
Milder-Hauptmann, die dem
Schubertlied in Deutschland zu
Popularität verhalf. Portrait
von Karl Jakob Leybold

Wichtig ist jedoch etwas anderes: Anna Milder hat die Erfahrung gemacht, dass die Lieder Schuberts auch in Deutschland Anklang finden. Mit dem Typ des durchkomponierten, motivisch durchgestalteten Liedes und dessen poetisierter Klavierbegleitung stellt sie dem Berliner Publikum etwas Neues vor. Begeistert schreibt sie nach einem Konzert an Schubert: »Der Erlkönig und die Suleika haben unendlich gefallen ...« (9.7.1825), und die ›Berlinische Zeitung‹ notiert: »Franz Schubert in Wien ist ein sinniger, die Modulation liebender Gesangs-Komponist, der Suleika aus dem westöstlichen Divan ... in Musik gesetzt ... Wenn auch diese Tondichtung über die

Sieben Gesänge aus Walter Scotts ›Fräulein vom See‹
Der schottische Autor Walter Scott (1771–1832) schrieb Versromanzen und historische Romane, in denen Kriegszüge, Liebesabenteuer u. ä. dargestellt werden. Sein Versepos ›Das Fräulein vom See‹ entstand 1810 und wurde 1819 ins Deutsche übersetzt. Scott beschreibt hier die Auseinandersetzungen zwischen dem schottischen König Jakob V. (1512–1542) und dem aufständischen Adelsgeschlecht der Douglas. Schuberts Lieder op. 52 führen in das Hochland von Pertshire, wo sich Graf Douglas verbirgt. Der König, der sich auf der Jagd dorthin verirrt, wird von Douglas' Tochter Ellen beherbergt. Sie erklärt, dass er bei Zauberinnen zu Gast sei und singt ihm Schlaflieder. Schubert greift die lyrischen Einlagen auf und komponiert einen Zyklus mit sieben Liedern: ›Ellens Gesang I‹, ein Lied in Rondoform, soll den »Vorboten des Krieges« mit sanften Zauberklängen milde stimmen. ›Ellens Gesang II‹ ist ein dreistrophiges Nachtlied mit Hörnerklängen, die den Krieg assoziieren. Das Chorlied ›Bootsgesang‹ für vier Männerstimmen und Klavierbegleitung schildert den festlichen Empfang des heimgekehrten Anführers Roderick. ›Coronach‹ für drei Frauenstimmen und Klavier, ein Strophenlied in f-Moll, gibt den Klagen um einen Gefallenen Ausdruck. ›Normans Gesang‹ beschreibt die Gefühle eines schottischen Edelmanns, der seiner Braut das Abschiedslied singt. Zu Schuberts populärsten Stücken gehört jedoch ›Ellens Gesang III‹, das tief gefühlvolle ›Ave Maria‹. Der Zyklus schließt mit dem schwermütigen ›Lied des gefangenen Jägers‹, Ellens Geliebten, der noch einmal in bessere Zeiten zurückschaut.
Zu dem Zyklus gehören noch zwei weitere Lieder, denen Scotts Romane zugrunde liegen.

Liedform hinausgeht …, so ist dennoch der orientalische Geist desselben auch in der Musik gelungen aufgefaßt und wiedergegeben. Die zarte Melodie … erhält durch die ganz eigentümliche Pianoforte-Begleitung … ein helleres Kolorit. Das Wehen des zarten Westes und die Sehnsucht zarter Liebe werden in diesen Tönen treffend versinnbildet. ›Der Erlkönig‹ ist höchst originell, mit tragischem Ernst behandelt.«

Das Schubertlied hatte den Weg nach Deutschland gefunden.

Die große Reise nach Oberösterreich
Im Mai 1825 tritt Schubert die dritte Reise nach Oberösterreich an, noch einmal mit dem Ziel, seine Kompositionen auch außerhalb Wiens vorzustellen. Die Fahrt führt zunächst nach Steyr, wo ihn Vogl erwartet. Wie 1819 wohnen sie wieder bei den Paumgartners. Zwischendurch besichtigen sie Linz, Kremsmünster und das Stift St. Florian. Bereits am 4. Juni folgt die Weiterreise nach Gmunden am Traunsee. Hier hat sie der Kaufmann Ferdinand Traweger eingeladen, ein Musikliebhaber, der seit langem Schuberts Männerchöre kennt. Trawegers Haus ist das musikalische Zentrum des Orts. Schubert und Vogl fühlen sich schnell heimisch: Konzerte werden gegeben, Land- und Seepartien unternommen, und bis in die Nacht hinein wird gefeiert. Auch bei Ferdinand von Schiller, dem Vorstand des k. k. Salzoberamtes, finden musikalische Abende statt. In diesen Wochen vollendet Schubert die Sieben Gesänge aus Walter Scotts ›Fräulein vom See‹ nach dem Versepos des schottischen Dichters.

Die Augustinerabtei **Sankt Florian**, südöstlich von Linz gelegen, wurde bereits im Mittelalter gegründet. Hier befand sich auch eine bedeutende Orgel (1770/71; vollendet 1837), auf der Schubert möglicherweise spielte. In Sankt Florian fand der Komponist manche seiner Vertonungen (z. B. in Abschriften) vor. In einem Brief an den Vater heißt es, dass er dort »mit Beihülfe eines braven Clavierspielers 4händige Variationen und Märsche mit günstigem Erfolge producirte«.

Mehrmals tragen Vogl und Schubert die neuen Lieder vor, und das Publikum ist beeindruckt. Auch neue Instrumentalstücke werden vorgestellt, z. B. die Klaviersonate C-Dur (D 840; Fragment) und die ›Première Grande Sonate‹ a-Moll (D 845), die kurz vor Reiseantritt vollendet wurde. Besonders die a-Moll-Sonate ist von Bedeutung, da sie den Beginn der zweiten Sonaten-Schaffensperiode markiert. Was Schubert in den »Jahren des Umbruchs« ausprobierte, wird nun wie in der Sinfonie zum Prinzip erhoben: die Expansion der Form. Hierzu gehören die freie Themenfortspinnung, die Durchmessung verschiedenster Ausdrucksbereiche, doch all das innerhalb einer durchgängigen »poetischen Idee«. Wie hoch der Komponist selbst die Sonate einschätzt, zeigt, dass er sie nach seiner Rückkehr als die erste »gültige« drucken lässt und dem Erzherzog Rudolph, einem Mitglied des Kaiserhauses und Beethoven-Schüler, widmet. Besonders der langsame zweite Satz, ein Thema mit fünf Variationen, findet in Gmunden und auch später großen Anklang. Zur zweiten Klaviersonaten-Gruppe gehören auch die ›Seconde Grande Sonate‹ D-Dur (D 850) und die Sonate G-Dur (D 894) von 1826. Die Leipziger ›Allgemeine musikalische Zeitung‹ würdigt den Stil der D-Dur-Sonate mit folgenden Worten: »Hier führt einmal … ein Musikstück den Namen Sonate, an dem die Phantasie ganz offenbar den grössten und entscheidendsten Antheil hat, und das wohl jenen Namen nur führt, weil es … denselben äussern Zuschnitt hat, wie die Sonate, übrigens aber, dem Ausdruck und der Technik nach, … sich so frey und eigen, so keck und mitunter auch so sonder-

41   »Michael Vogl und Franz Schubert ziehen aus zu Kampf und Sieg.« Karikatur von Franz von Schober

bar bewegt, dass es nicht mit Unrecht Phantasie heissen könnte.«

Mitte Juli rüsten sich Vogl und Schubert zur Weiter-fahrt nach Linz. Dort wohnen sie bei Spauns Schwager, dem Rechtsanwalt Ottenwald. Hier schreibt Schubert aus dem verwaisten Zimmer des Freundes: »Du kannst Dir denken, wie sehr mich das ärgern muss, dass ich in Linz an Dich einen Brief schreiben muss nach Lemberg!!! Hohl der Teufel die infame Pflicht, die Freunde grausam aus-einander reißt ...« Die Villa des Rechtsanwalts ist das Zentrum des geistigen, insbesondere aber musikalischen Lebens der Landeshauptstadt. Auch hier treten Vogl und Schubert auf, und wieder finden die ›Scott-Lieder‹ star-ken Beifall. Schubert trifft auf zwei neue Verehrer seiner Musik: den Grafen und die Gräfin von Weißenwolff. Der Graf ist Kunstmäzen und Präsident des Vereins zur För-derung der bildenden Künste in Linz. Man ist zu Gast auf Schloss Steyregg, dem Sitz des Grafen am Zusammen-fluss von Donau und Traun. Sophie Weißenwolff singt als

42   Franz Schubert. Ölgemälde von Gabor Melegh, 1827. Ob der Künstler Schubert persönlich gekannt hat, ist ungewiss.

passionierte Sängerin die ›Scott-Lieder‹. Nicht ohne Stolz berichtet Schubert später, dass sie »manches recht hübsch singe« und »alle« seine Sachen besitze.

Von Ende Juli bis 10. August halten sich Schubert und Vogl nochmals in Steyr auf. Die Weiterreise zum nächsten Ziel – Salzburg – führt über Kremsmünster zum Wallersee. Salzburg, das sie bei trübem Wetter erreichen, macht mit seinen vielen hohen Häusern, den Kirchen und Palästen, den alten Gebäuden und engen Gassen einen

Johann N. Graf von Weißenwolff (1779–1855), Oberstleutnant und Verordneter der oberösterreichischen Stände, übernahm nach seiner Dienstquittierung 1819 als Oberst-Erblandhofmeister den Vorsitz im Herrenstande. Als Mäzen förderte er Wissenschaften und Künste.

»etwas düsteren Eindruck«. Vogl kennt den einstigen Bürgermeister, der sie dem Grafen vom Platz vorstellt, in dessen Wohnung die beiden Künstler auftreten. Tags darauf besichtigen sie den gewaltigen, der Peterskirche in Rom nachgebauten Dom. Später stehen sie am Grabmal Michael Haydns in der Klosterkapelle von St. Peter. Die Aussicht vom Nonnberg überwältigt Schubert, der an Ferdinand schreibt: »Denke Dir einen Garten, der mehrere Meilen im Umfange hat, in diesem unzählige Schlösser und Güter, … denke Dir einen Fluß, der sich auf die mannigfaltigste Weise durchschlängelt, denke Dir Wiesen und Aecker, wie eben so viele Teppiche von den schönsten Farben, … dieses Alles von einer unabsehbaren Reihe von den höchsten Bergen umschlossen, als wären sie die Wächter dieses himmlischen Thals …«

Bereits am Folgetag reisen sie nach Bad Gastein weiter. In einer »scharmanten Kutsche, welche Bequemlichkeit Adam und Eva nicht hatten«, gelangen sie an der schäumenden Salzach entlang durch das Nonntal nach Hallein. Die Salzstadt mit ihren Bergwerken hinterlässt einen eher beklemmenden Eindruck. »Die Einwohner sehen wie Gespenster aus, blass, hohläugig und mager zum Anzünden.« In Schuberts Nachlass findet sich später der Entwurf eines Opern-Textbuches mit dem unvollständigen, aber bezeichnenden Titel ›Die Salzbergwerke von …‹, das jedoch nie verwendet wurde. Die halsbrecherische Fahrt führt nun den Pass Lueg hinauf. Immer mehr verengt sich das Flusstal und wird zur finsteren Schlucht. Schubert schildert die Weiterfahrt in dramatischer Weise: »Nachdem wir dann über einen großen Berg langsam hinauf-

Sophie Gabriele von Weißenwolff (1794–1847), seine Gemahlin, war eine große Musikliebhaberin. Sie organisierte Musikveranstaltungen auf Schloss Steyregg, besaß selbst eine gute Stimme und spielte Klavier. Bereits in den Wintermonaten 1824 hatten auf dem Schloss Schubertiaden stattgefunden, wo sie die ›Müllerlieder‹ u. a. von Schubert vortrug.

krallten, vor unserer Nase, sowie zu den beiden Seiten schreckliche Berge, … so sieht man plötzlich, indem der höchste Punct des Berges erreicht ist, in eine entsetzliche Schlucht hinab, und es droht einem im ersten Augenblicke einigermaßen das Herz zu schüttern. …«

Auch für Bad Gastein, das mondäne Wildbad, sind drei Wochen geplant, bis zum 4. September. Der Badeort ist ein Anziehungspunkt für illustre Gäste. Man trifft die Witwe Mozarts, Konstanze, und den »Patriarchen von Venedig«, Ladyslaus von Pyrker, der ein den Brüdern Collin nahe stehender Musikfreund und Bewunderer Schuberts ist.

Der Aufenthalt in Bad Gastein, inmitten der Hohen Tauern-Gletscher, gehört zu den wenigen Höhepunken in Schuberts kurzem Leben. Neben Liedern – darunter das stürmische ›Auf der Bruck‹ und ›Fülle der Liebe‹ – vollendet er die zweite »große« Klaviersonate in D-Dur (D 850), die ebenfalls im Druck erscheint. In Bad Gastein wird auch die Arbeit an einer schon in Wien begonnenen Sinfonie in C-Dur fortgeführt, einem Monumentalwerk, dessen Fertigstellung sich bis ins Folgejahr hinziehen wird.

Der August neigt sich, und schon schreibt man den 4. September, den Tag der Abreise. Vogl fährt nach Italien weiter, Schubert zurück nach Wien. Nach einer letzten dreitägigen Wagenfahrt trifft er Anfang Oktober in der Hauptstadt ein.

Ottenwald über Schubert
Schubert war so freundlich, so mitteilend, … auch gegen uns … Wir saßen bis nicht weit von Mitternacht beisammen und nie hab' ich ihn so gesehen, noch gehört; ernst, tief, und wie begeistert. Wie er von der Kunst sprach, von Poesie, von seiner Jugend, von Freunden und andern bedeutenden Menschen, vom Verhältnis des Ideals zum Leben u. dgl. Ich mußte immer mehr erstaunen über diesen Geist, dem man nachsagte, seine Kunstleistung sei so unbewußt, ihm selbst oft kaum offenbar und verständlich u. so weiter. Und wie einfach das alles – Ich kann nicht reden von dem Umfang und einem Ganzen seiner Überzeugungen – aber Blicke einer nicht bloß angeeigneten Weltansicht waren das …
Brief Ottenwalds an Josef von Spaun, 27. Juli 1825

Schaffensreiches Jahr 1826.
Die ›Große C-Dur-Sinfonie‹

Rückkehr in den Alltag. Zwei Bewerbungen

Nachdem Schubert im Sommer 1825 fünf Monate abwesend war, ist die Ungeduld Schwinds und Bauernfelds groß. Es gibt viel zu berichten: Der Dichterfreund hat das Examen absolviert, und zudem sind Kupelwieser und Schober überraschend zurückgekehrt. Den »Russen« des Malers hatte in Italien die Malaria dahingerafft, während Schober als »Schauspieler« in Breslau gescheitert war.

Schuberts neuer Hang zur Selbstständigkeit fällt den Freunden auf. Den Vorschlag Bauernfelds, zu dritt, d. h. mit ihm und Schwind eine Wohnung zu beziehen, lehnt er ab; das Zimmer ist ihm lieber. Äußerlich scheint er der Alte zu sein, besucht mit Bauernfeld Konzerte und stellt im Freundeskreis neue Lieder vor. Mehr noch: Nach der Zahlung von zweihundert Gulden für die ›Scott-Lieder‹ durch den Verlag Artaria ist er freigebiger denn je. Wochenlang wird »flott gelebt und traktiert, auch nach rechts und links gespendet – dann ist wieder Schmalhans Küchenmeister« (Bauernfeld). Schubert versteht es, im Kreis der Freunde zu feiern, am liebsten beim Heurigen.

Viel mit Schwind und Schubert zusammen. Er sang bei mir neue Lieder. Letzhin schliefen wir bei ihm. Da eine Tabakspfeife fehlte, richtete mir Moritz eine derlei aus Schuberts Augengläserfutteral zurecht. Mit Schubert Du worden bei einem Glase Zuckerwasser. Er will einen Operntext von mir, schlug mir die ›Bezauberte Rose‹ vor. Ich meinte, ein ›Graf von Gleichen‹ gehe mir durch den Kopf. – Besuch bei dem Sänger Vogl. Merkwürdiger alter Junggeselle. Liest den Epiktet und ist ein Schatz angenehmer Geckerei. Moritz benahm sich manieriert ungezogen gegen ihn. Schubert ist immer der selbe, immer natürlich.

Aus Bauernfelds Tagebuch, März 1825

Zu welchen Ausbrüchen er dann fähig ist, belegt eine Anekdote, nach der er im Kaffeehaus bei angeregter Diskussion und heißem Punsch mit Orchestermitgliedern des Opernhauses in Streit gerät. Diese grüßen den misstrauisch Aufblickenden und fragen, ob er bereit sei, für ihre Konzerte ein Stück zu komponieren. Schuberts kurze Antwort darauf: »Nein! Für euch schreib' ich nichts« – und das nicht genug, beginnt er, die Musiker nach einem Wortwechsel zu beschimpfen und zu beleidigen: »Künstler? Musikanten seid ihr, weiter nichts! ... Bläser und Fiedler seid ihr alle miteinander! Ich bin ein Künstler, ich! ... Ich bin Schubert, Franz Schubert, den alle Welt kennt und nennt! ... Der Großes gemacht hat und Schönes, das ihr gar nicht begreift! Und der noch Schöneres machen wird. ... Das Allerschönste! ... der an die Sterne reicht ... während ihr armen, blasenden Würmer euch im Staube windet ...«

Vielleicht überspitzte der Berichterstatter Bauernfeld diese Szene, aber sie zeigt, wie gefährdet Schuberts Gleichgewicht war. In früher Jugend wird er als Doppelnatur mit dem Hang zur Geselligkeit, aber auch zu »verschlossenem Gemüth« beschrieben. Jetzt, 1826, bedrängen ihn die Dämonen der Schwermut häufiger. Mayrhofer berichtet dazu: »Er war ... schwer krank gewesen, ... hatte

Nach der gewöhnlichen Tanz-Unterhaltung gingen fast alle ins Kaffeehaus »Zum Auge Gottes«. Schober redete ihm zu, er möchte doch die Gusti Grünwedel, ein sehr anmutiges Bürgermädchen ..., die ihm sehr geneigt schien, heiraten. Schubert war verliebt in sie, aber er war »bitter bescheiden«, er war der festen Überzeugung, ein Weib könne ihn nicht lieben. Er sprang bei den Worten Schobers auf, stürzte ohne Hut fort, zornglühend. Die Freunde sahen sich bestürzt an. Nach einer halben Stunde kam er ruhig wieder und erzählte später, wie er, außer sich, um die Peterskirche herumgelaufen sei und sich fort und fort gesagt habe, wie ihm kein Glück auf Erden beschert sei.
Ludwig August Frankl: »Schobers Erinnerungen an Schubert«
(nach einem Gedächtnisprotokoll des Journalisten Frankl, Wien,
10. Juni 1868), in: ›Schubert. Die Erinnerungen seiner Freunde‹,
hg. von Otto Erich Deutsch, Wiesbaden 1983

niederschlagende Erfahrungen gemacht, dem Leben war die Rosenfarbe abgestreift ...« Zwischendurch erlebt er natürlich die Aufschwünge und das Vergessen im Freundeskreis. Doch das Erwachen ist jedes Mal um so schlimmer. Dann ist es die Melancholie, die »mit schwarzem Flügel immer häufiger in seine Nähe« kommt. Schuberts Briefe und Tagebuchaufzeichnungen sind mitunter erschütternd: »Als wenn der Tod das schlimmste wäre, was uns Menschen begegnen

könnte«, tröstet er Ferdinand, und dem Schauspieler Heinrich Anschütz gesteht er: »Mir kommt's manchmal vor, als gehöre ich gar nicht in diese Welt ...«

Nach Salieris Pensionierung wurde bereits 1824 dessen Stellvertreter Joseph Eybler neuer Hofkapellmeister. Das bedeutete: Der noch immer vakante Posten des Vize-Hofkapellmeisters musste neu besetzt werden. Schubert, dessen finanzielle Not wieder größer wird, bewirbt sich neben sieben anderen Kandidaten. Doch Eybler, der Schubert wenig schätzt, favorisiert den schon sechzigjährigen Kapellmeister Joseph Weigl, der die Stelle später antritt. Von einer anderen, unverbürgten Bewerbung berichtet

43　Franz Schubert. Bleistiftzeichnung von Moritz von Schwind, um 1825

Schuberts Bewerbung an Kaiser Franz II.

In tiefster Ehrfurcht waget der Unterzeichnete die gehorsamste Bitte um allergnädigste Verleihung der erledigten Vice-Hofkapellmeisters Stelle, und unterstützt sein Gesuch mit folgenden Gründen:

1. Ist derselbe von Wien gebürtig, der Sohn eines Schullehrers und 29 Jahre alt.

2. Genoß derselbe die allerhöchste Gnade, durch 5 Jahre als Hofsängerknabe Zögling des k. k. Convictes zu seyn.

3. Erhielt er vollständigen Unterricht in der Composition von dem gewesenen ersten Hofkapellmeister Herrn Anton Salieri, wodurch er geeignet ist, jede Kapellmeisters Stelle zu übernehmen.

4. Ist sein Nahme durch seine Gesangs- und Instrumental-Compositionen nicht nur in Wien, sondern in ganz Deutschland günstig bekannt ... usw.

Wien, den 7. April 1826
Unterthänigster Diener Franz Schubert.

Schindler, der Beethoven-Sekretär. Danach soll sich Schubert um den Kapellmeister-Posten am Kärntnertortheater beworben haben. Dort hätte man ihm die Chance gegeben, eine Szene einzustudieren. Aber der Kandidat habe sich »halsstarrig« gezeigt, indem er auf einer von der Sängerin schwer durchführbaren Arie beharrte: »Ich ändere nichts!« soll er ausgerufen, dann die Partitur und schließlich auch die Bühnentür zugeschlagen haben. Im Gegensatz zu Schindlers Darstellung berichten Josef Hüttenbrenner und ein Orchesterflötist, dass sich der Kandidat vielmehr ruhig und besonnen verhalten habe, und dass Theaterintrigen die Anstellung verhinderten.

Die Wahrheit liegt gewiss tiefer: Bewirbt sich Schubert, so geschieht dies im Grunde stets halbherzig und aus finanzieller Not. So berichtet auch Leopold Sonnleithner:

Schubert und der Alkohol

Nicht nur die Aussagen Sonnleithners, sondern auch spätere Berichte aus dem Freundes- und Bekanntenkreis machen deutlich, dass Schubert die Abende häufig »im Kreise lustiger Kameraden im Gasthause ...«, in Weinstuben u. a. verbrachte.

»Schubert war ungemein fruchtbar und fleißig im Komponieren. Für alles andere aber, was Arbeit heißt, hatte er keine Lust.« Im Grunde widerstrebt es ihm, sich am Dirigierpult mit Musikern herumzuplagen und mit Sängern Arien einzustudieren – geschweige denn, sich als Musiklehrer abzumühen. Dazu kommt noch die Lebensweise Schuberts: »... er liebte den Abend im Kreise lustiger Kameraden im Gasthaus zuzubringen, wobei oft die Mitternachtsstunde unbemerkt vorüberstrich ... Damit gewöhnte er sich an, bis zehn, elf Uhr des Morgens im Bette zu bleiben. Und da er dann um diese Zeit die meiste Lust zum Komponieren verspürte, so vergingen auf diese Weise die Vormittagsstunden ...«

Schubert ist nur Komponist – und immer voller musikalischer, nach Formung drängender Gedanken. Zuwider ist ihm alles, was davon abhält. Sein Leben ist nur von der einen Gesetzmäßigkeit diktiert: dem Schaffensdrang.

Auf dem Weg zum Erfolg

Wenn es Schubert auch nicht vergönnt ist, mit eigenen Konzerten oder einer Oper den Durchbruch zu erzielen, so gilt er dennoch – und zunehmend – als anerkannter Komponist. Mit Ausnahme Mozarts kann kein anderer in so jungen Jahren – nicht einmal dreißigjährig – mit einer solchen Vielzahl von Werken aufwarten. Im Jahr 1826 kommen Lieder, Chöre und Kammermusik von ihm mindestens acht Mal zur Aufführung, sowohl in den »Abendunterhaltungen« der »Gesellschaft der Musikfreunde« als auch in den vertrauten bürgerlichen und adligen Häusern.

Dies führte in Biografien, in der Belletristik usw. zum Klischee vom »trunksüchtigen« Schubert, eine Darstellung, die nicht belegt werden kann. Der Komponist schätzte die stimulierende Wirkung von Bier, Wein und Punsch durchaus, doch gibt es unter den zahlreichen zeitgenössischen Berichten kaum Hinweise darauf, dass Schubert dem Alkohol in ungesunder Weise verfallen war.

Das Jahr beginnt viel versprechend: Zu Beginn entstehen die Gesänge aus ›Wilhelm Meister‹ op. 62 nach Goethe, drei ›Mignon‹-Lieder und das ›Duett mit dem Harfner‹. Nun liegen 17 Vertonungen aus ›Wilhelm Meisters Lehrjahren‹ vor, darunter ›Wer sich der Einsamkeit ergibt‹, ›Wer nie sein Brot mit Tränen aß‹ und ›An die Türen will ich schleichen‹, dazu die mehrfach vertonten Lieder ›So laßt mich scheinen‹, ›Nur wer die Sehnsucht kennt‹ usw. Im Februar finden zwei Aufführungen des Streichquartetts d-Moll ›Der Tod und das Mädchen‹ statt. Anfang März schreibt die ›Allgemeine musikalische Zeitung‹ über Schuberts ›Première Grande Sonate‹ in a-Moll (1825): »Wir verdanken dieses ungemein anziehende und … gehaltvolle Werk Herrn Franz Schubert; … Sie ist reich an wahrhaft neuen und originellen melodischen und harmonischen Erfindungen; ebenso reich und noch mannigfaltiger im Ausdruck, kunstvoll und beharrlich in der Ausarbeitung, auch in der Führung der Stimmen …«

Zu den wichtigsten Kompositionen von 1826 gehört das letzte Streichquartett G-Dur (D 887). Dieses Quartett entsteht im Juni während des Urlaubs, den Schubert gemeinsam mit Schober im Wiener Vorort Währing verbringt. Das Werk gibt die letzten Jahre ungeschönt wieder. So schreibt Schubert in einem Brief an Bauernfeld: »… ich habe gar kein Geld, u. (es) geht mir überhaupt sehr schlecht. Ich mache mir nichts daraus u. bin lustig.« (Juli 1826). Bereits der erste Satz bestürzt mit seinem explosiven, jäh das Fortissimo erreichenden Beginn. Bizarre Sprünge kennzeichnen das Hauptthema, scharfe Kontraste, dynamische Ausbrüche und Dur-Moll-Wechsel die

Schubert und die Armut
Obwohl Schubert finanzielle Schwierigkeiten hatte, gehört die Meinung, der Komponist sei »bitterarm« gewesen, ins Reich der Legende. Das Problem bestand vielmehr in der extremen Unregelmäßigkeit seiner Einkünfte. Schuberts Gesamteinkommen betrug – nach Berechnungen – zwischen 1816 und 1828 ca. 9000 Gulden Konventionsmünze, d. h. 750 Gulden jährlich. Hierzu gehören Honorare für Auftragswerke, drei Bühnenwerke, Auftritte als Klavierspieler und -begleiter, Unterricht bei den Esterházys,

Durchführung. Im langsamen zweiten Satz dominiert die elegische Melodik des Violoncellos, unterbrochen von schmerzerfüllten Steigerungen. Das Scherzo gibt sich gespenstig, spukhaft, im Gegensatz zur heilen, unzerbrochenen Welt des freundlichen, ländlerartigen Trio-Mittelteils. Beschlossen wird das Werk mit einem motorisch-gehetzten vierten Satz, einer fortlaufenden 6/8-Bewegung von über siebenhundert Takten.

Nach dem Sommerurlaub, der diesmal schon im Juli endet, befasst sich Schubert wieder mit Klavier- und Kammermusik. Manchmal darf er das Klavier eines Freundes, des Portraitisten Wilhelm Rieder, nutzen. Im Oktober komponiert er die Klaviersonate G-Dur (D 894), ein nach dem stürmischen Vorgängerwerk in D-Dur eher lyrisches Stück. Zur gleichen Zeit entsteht auch das ›Rondo brillant‹ h-Moll für Violine und Klavier. Die Wiener ›Zeitschrift für Kunst und Mode‹ schreibt: »Das großartige Talent des rühmlich bekannten Lieder- und Romanzen-Kompositeurs ist vielseitig … Eine feurige Phantasie belebt dieses Tonstück …« Auch die Gattung ›Chorlied‹ wird berücksichtigt, wobei noch einmal romantische Stimmungselemente wie ›Nacht‹, ›Mond‹ und ›Grab‹ im Mittelpunkt stehen. Zu nennen sind das Vokalquintett ›Mondenschein‹ für zwei Tenöre und drei Bässe (mit Klavier) nach Schober sowie mehrere Vertonungen von Johann Gabriel Seidl, darunter etwa ›Nachthelle‹ und ›Nachtgesang im Walde‹.

Doch neben alldem verfolgt Schubert nun ein weitaus anspruchsvolleres Ziel: den großen Durchbruch als Sinfoniker. Bereits 1825 hatte er in Gmunden und Bad Gastein

Veröffentlichungen bei Verlagen, Widmungen u.a. Zum Vergleich: als Schulgehilfe hätte Schubert jährlich 300 Gulden, als Musikdirektor in Laibach 500 Gulden verdient. Schubert konnte mit seinen Einkünften nicht haushalten; »verdiente« er, so wurde gefeiert, spendiert. Dafür wiederum war ihm die Hilfe der Freunde sicher, so, wie das damals unter Künstlern üblich war.

Sinfonie Nr. 8 C-Dur (Zählung nach der Neuen Schubert-Ausgabe)

Schuberts letzte Sinfonie, die »Große C-Dur-Sinfonie«, ist die Krönung seines sinfonischen Schaffens, die Frucht jahrelangen Ringens um die große sinfonische Form. Ihr Charakter ist heroisch-kämpferisch, mit der Geste des Sieges und der Freude. Drei Jahre nach der ›Unvollendeten‹ schreibt Schubert damit ein Werk, in dem er ausführt, was in seinem Gedicht ›Klage an das Volk‹ (1824, Zseliz) als Aufgabe der Kunst erkannt wurde: »im Bild die Zeit der Kraft und Tat« zu schildern – ein Rückgriff auf die Ideale der Klassik. Doch zur Geste des Kraftvoll-Vitalen tritt das zweite, für Schubert typische lyrische Moment. Das Werk lebt daher auch von einer Vielzahl lyrischer Teile, die in weit gesponnenen Bögen die Sätze durchziehen. Mit der C-Dur-Sinfonie, die den Beethovenschen Sinfonien gleichrangig zur Seite steht, überwindet der Komponist den Geist seiner Zeit, die Tatenlosigkeit, Lethargie und biedermeierliche Beschaulichkeit der österreichischen Restaurationsepoche.

Schuberts C-Dur-Sinfonie bedient sich in den Ecksätzen nach klassischem Muster der Sonatenhauptsatzform mit den Teilen Exposition, Durchführung und Reprise. »Klassisch« ist auch die Aufstellung von Haupt und Seitenthemen-Komplexen innerhalb der Sätze. Doch schon die Themenverarbeitung, die bei Beethoven auf dynamische Entwicklung, auf die Lösung von Konflikten zielt, gestaltet Schubert anders: Innerhalb der Sonatenform gewinnen neue, »satzdehnende« Elemente an Bedeutung, insbesondere langausgeführte Themenvariationen, eingeschobene Episoden, Rückerinnerungen u. ä. Diese Einschübe sind oft strophenartigen Charakters, d. h. sie bewirken, ähnlich den Strophen eines Liedes, immer neue Stimmungen. Typisch sind auch das lange melodische »Aussingen« der Themen, Licht- und Farbenwechsel, die Erschließung neuer harmonischer Klangräume und das Durchwandern von Tonarten. Schuberts C-Dur-Sinfonie trägt so nicht nur klassische, sondern auch romantische Züge.

Die Sinfonie beginnt mit einer langsamen, umfangreichen Einleitung, deren naturhafter, zuversichtlicher Hörner-Weckruf zum Motto des weiteren Geschehens wird. Zwei Steigerungen münden in das signalhaft-marschartige Hauptthema des ersten Satzes, dessen motorische Triolenbewegung die »Zeit der Kraft und Tat« versinnbildlicht. Breiteren Raum gewinnt später das tänzerisch-beschwingte, zu slawischer und später auch österreichischer Volksmusik tendierende Seitenthema. In der Durchführung werden die Motive des Hauptthemas mit dem durch die Holzbläserstimmen geführten Seitenthema immer enger verbunden. Immer mehr schwillt die Bewegung an und führt auf dem Höhepunkt zu einem majestätischen, dem Mottothema der Einleitung entnommenen Posaunenmotiv. Mit dem machtvoll-lapidaren Weckruf des Beginns beschließt der Satz.

Der langsame zweite Satz (Andante) setzt die stolze, hochgestimmte Haltung fort. Rhythmisch punktierte Figuren des Hauptthemas assoziieren »ritterliche Gangart zu Pferde«, die a-Moll-Weise der Oboe trägt dazu erzählend-balladenhaften Charakter. Das liedhafte zweite Thema führt dagegen ins Wienerisch-Gefällige. Der zweite Satzteil beginnt friedlich, sanft verklärt, mit dem Wechsel zwischen choralartigem Streichersatz und Bläsern. Doch nun trügt der Schein: Nach einem jähen Fortissimo-Ausbruch kommt es zu dramatischen Konflikten. Die scharfen Punktierungen des Hauptthemas werden zum tragenden Element und erfassen das ganze Orchester. Höhepunkt dieser tragischen Entwicklung ist ein gellender verminderter Fortissimo-Akkord – und dann geschieht das Unerwartete: Mit einer wunderbar aufblühenden, von Wärme durchdrungenen Violoncello-Weise ist der Spuk verdrängt, vergessen.

Die Themen des dritten Satzes (Scherzo) sind tänzerischen Charakters. Dazu gehören das urwüchsig-derbe Ländlerthema und die weit geschwungene, im volkstümlichen Kanon geführte Liedweise. Besonders in diesem Satz sind Anklänge österreichischer Volksmusik unüberhörbar. Genrebilder ziehen vorüber und erinnern an Volksfeste. Im Trio-Mittelteil wird der Rhythmus ruhig-fließend, darüber wölbt sich weit ausschwingender Holzbläsergesang.

Der Schlusssatz gleicht einem einzigen, nicht enden wollenden Siegeszug. Das Hauptthema beginnt wie im Kopfsatz mit einem fanfarenartigen Ruf. Bestimmend wird jedoch das spätere Seitenthema, ein majestätisch vorandrängender, durch seine vier Initialtöne gleicher Tonhöhe charakterisierter Terzengesang. Dieses Thema gewinnt zunehmend an Bedeutung und wird zur Triebkraft des musikalischen Geschehens. Die Siegesthematik breitet sich nun in allen Stimmen aus, erscheint auf höheren Stufen, wird harmonisch neu beleuchtet und bis hin zum hymnischen, alles überhöhenden Finale gesteigert.

Wie die ›Unvollendete‹ wird Schubert auch die ›Große C-Dur-Sinfonie‹ nie hören können. Ihre Aufführung im Rahmen der Veranstaltungen der »Gesellschaft der Musikfreunde« ist zwar geplant, scheitert jedoch, da die Einstudierung der Sinfonie als zu schwer befunden wird. Die Uraufführung des Werkes findet am 21. März 1839 mit dem Gewandhausorchester in Leipzig unter der Leitung von Felix Mendelssohn Bartholdy statt.

an der Sinfonie in C-Dur gearbeitet.Die Sätze 1 bis 3 sind
bis zum Herbst 1825 skizziert, im Sommer darauf instrumentiert, das Finale auskomponiert. Im Spätsommer 1826
findet die Hauptarbeit bis zur Vollendung statt. Als die
Sinfonie dann im Oktober fertig vorliegt, nimmt Schubert
Kontakte zur »Gesellschaft der Musikfreunde« auf. Die
»Gesellschaft« zahlt ihm einhundert Gulden – möglicherweise für die Vollendung des Werkes –, und im Dezember überreicht er die Partitur dem Vorstand.

Inzwischen beginnt sich auch der ausländische Musikalienmarkt für Schubert zu interessieren, allerdings zöger-
lich: Der Schweizer Verleger Hans Georg Nägeli, der den

44   Partiturseite der C-Dur-
Sinfonie, D 944. Autograph,
um 1825

Komponisten schon zu den »guten, ja vortrefflichen« zählt, unterbreitet das Angebot, Klavierstücke in seine neue Serie ›Musikalische Ehrenpforte‹ aufzunehmen. Schubert reagiert sofort, allerdings zu kühn. Seine Forderung beträgt 120 Gulden, zahlbar im Voraus. Daraufhin lässt der erschrockene Nägeli nichts mehr von sich hören. Im August richtet Schubert zwei Angebote an den Leipziger Verleger Breitkopf & Härtel und Heinrich Probst, dem Vertreter von Artaria. Darin schlägt er Lieder, Streichquartette, Klaviersonaten und Vierhändiges vor. Breitkopf, der neun Jahre zuvor den ›Erlkönig‹ ignorierte, reagiert nun zuvorkommender, schlägt jedoch vor, auf das Honorar zu verzichten, da »wir ... mit dem merkantilen Erfolge Ihrer Compositionen noch ganz unbekannt sind ...« Dass Schubert diesem »Angebot« nicht folgt, ist verständlich. Zur selben Zeit kommt das Antwortschreiben von Probst, der – zunächst – ausgesuchte Lieder und leichte Klavierstücke zum Druck vorschlägt, da »der eigne, sowohl oft geniale, als wohl auch mitunter etwas seltsame Gang Ihrer Geistesschöpfungen ... noch nicht genugsam ... verstanden wird ...«

Wieder im alten Freundeskreis

Im Herbst 1826 ist der Freundeskreis wieder vollzählig versammelt. Spaun, der ebenfalls zurückkehrt, findet Arbeit bei der Wiener Lottodirektion, Bauerfeld in der Landesregierung. Schwind ringt um Anerkennung und sichert sein Existenzminimum mühsam mit der Ausstattung der Wiener Shakespeare-Ausgabe. Dagegen kann Schober, der

Den Klavier-Komponisten Schubert zähle ich entschieden unter die guten, ja vortrefflichen. Den ersten Satz seiner a-Moll-Sonate (bey Pennauer) halte ich für ein Kapital-Stück. Sind sie mit demselben persönlich bekannt, versichern Sie ihn, daß ich ihn sehr gern unter die Mitarbeiter der »Ehrenpforte« aufnehmen werde, sobald die Subskription gesichert sei, wozu er wohl auch mitwirken könne. Soll ich direkt an ihn schreiben, so geben Sie mir nur einen Wink ...

Brief Nägelis an Karl Czerny in Wien, Zürich, 18. Juni 1826

8. Dezember 1826: Ich begab mich um 8½ Uhr zu Spaun, wo erst die zwei Gebrüder und Fritz waren. Dann kam Schubert und spielte ein herrliches, aber melancholisches Stück von seiner Komposition. Endlich auch Schwind, Bauernfeld, Enderes, Schober. Nun sangen Schubert und Schwind die herrlichsten Schubertischen Lieder. Endlich soupierte man herrlich. Alles war sehr lebhaft und aufgeweckt. Zuletzt fing alles an zu rauchen. Spax, wie begreiflich, nickte sehr oft ein. Um 12¾ trennte man sich …

Aus Franz von Hartmanns Tagebuch

»Gestrandete«, noch einmal von Glück reden: Dank Beziehungen gelangt er zu einer Lithographieanstalt, die er jedoch bald in den Konkurs führt.

Schubert muss nun zusehen, wie die Freunde, einer nach dem anderen, heiraten. Den Auftakt macht der 58jährige Pensionär Vogl, der zum Erstaunen aller die hübsche Tochter eines Hofmalers ehelicht. Kurz darauf heiratet Kupelwieser, bei dessen Hochzeit Schubert zum Tanz aufspielt. Zu guter Letzt folgt noch Spaun, der sich mit der Tochter eines Justizrats verlobt.

Spauns und Schobers Verdienst ist es, dass sich der Freundeskreis – mit Schwind, Kupelwieser und Hüttenbrenner – nun wieder festigt. Dazugekommen sind die Brüder Franz (1808–1875) und Fritz (1805–1850) von Hartmann, zwei Jurastudenten und Musikliebhaber. Ihr Vater Friedrich von Hartmann schrieb 1823 in die Familienchronik: »Am 28. Juli ging mir u. wohl der ganzen Familie ein neues Leben auf. Pepi Spaun u. … Stadler brachten nachmittags den Wiener Franz Schubert, der herrliche Lieder komponierte …« Von Interesse sind auch

Schubertiade am 15. Dezember 1826
Ich gehe zu Spaun, wo eine große große Schubertiade ist … Die Gesellschaft ist ungeheuer … Vogl, der fast 30 herrliche Lieder sang, Baron Schlechta und andere Hofkonzipisten und -sekretärs waren da … Nachdem das Musizieren aus ist, wird herrlich schnabeliert und dann getanzt. Doch bin ich gar nicht zum Courmachen aufgelegt …Um 12½ begleiten wir, nach herzlichem Abschiede von den Späunen und Enderers, Betty nach

die Tagebücher der beiden Brüder (vor allem das des Jüngeren), die zahlreiche Zusammenkünfte dokumentieren. Wie früher trifft man sich wieder im Gasthaus, diskutiert über Goethe, Jean Paul und Grillparzer, über den Freiheitsdrang der Ungarn und den Magnetismus.

Dank Schobers (und später auch Spauns) werden ab 1825 auch die Schubertiaden wieder durchgeführt. Über diese Veranstaltungen, die »alle Wochen« bei dem Hofsekretär Witteczek, Karl Ritter von Enderes und Spaun stattfinden, ist nur wenig bekannt. Dokumentiert ist die große Schubertiade vom 15. Dezember 1826, in der rund dreißig Lieder zu Gehör kommen. Überliefert sind auch zwei Veranstaltungen vom 12. Januar und 21. April 1827; in Letzterer hatte sich nach Fritz von Hartmann eine »ungeheure Gesellschaft« zusammengefunden. Berühmt

geworden ist später der Abend mit dem Pianisten und Weimarer Hofkapellmeister Johann Nepomuk Hummel (1827) und seinem sechzehnjährigen Schüler, dem späteren Pianisten, Dirigenten und Komponisten Ferdinand Hiller. In seinen Lebenserinnerungen schreibt dieser: »Beide (Schubert und Vogl, M. K.) hatten soviel Leben und Emp-

45   Ferdinand Hiller

Hause, und gehen zum Anker, wo noch Schober, Schubert, Schwind, Derffel, Bauernfeld. Lustig. Nach Hause. Um 1 Uhr zu Bett.
Aus Franz von Hartmanns Tagebuch

Der Pianist, Dirigent und Musikschriftsteller **Ferdinand Hiller** (1811–1885) sollte im 19. Jahrhundert zu einem der führenden Repräsentanten des deutschen Musiklebens werden. Er war u. a. mit Felix Mendelssohn Bartholdy und Chopin eng befreundet.

findung, gingen so gänzlich auf in ihren Leistungen, dass es unmöglich gewesen wäre, die wunderbaren Kompositionen klarer und zugleich verklärter wiederzugeben. Man dachte weder an Klavierspiel noch an Gesang, es war, als ob die Musik gar keines materiellen Klanges bedürfe, als ob die Melodien wie Geistererscheinungen vor vergeistigten Ohren sich offenbarten. Von meiner Rührung ... darf ich nicht sprechen.«

Schubertiaden sind jedoch auch Veranstaltungen heiteren, ausgelassenen Charakters. Sie beginnen bei Spaun oder Schober, wo Schubert und Gahy mit den schönsten ›Deutschen‹ aufwarten. Häufig wird dabei Unsinn getrieben, mit Stöcken und Stangen balanciert, werden »zum Schluss ein paar Turnübungen« absolviert u. a. Doch erst nach Mitternacht kommt man in Schwung, dann werden die Wirtshäuser aufgesucht, z. B. der »Anker« oder das Gasthaus »Zum Wolf, der den Gänsen predigt«. Frühmorgens schließlich, bei Kälte, »tanzt« man über den Stock-am-Eisen-Platz bis hin zur Stephanskirche. Als Schubert und die Freunde in einer anderen Nacht aus dem »Anker« kommen, sind die Straßen verschneit. Nun beginnt eine Schneeballschlacht, die Franz von Hartmann beschreibt: »Wir bekommen Lust zu schneeballen, was wir sogleich zur Ausführung bringen ... Spaun hilft mir, und Fritz und Schober dem Schwind. Schober trifft mich immer und tüchtig, und ich besonders ihn oder den Schwind. Spaun schützt sich gegen die Schüsse herrlich mit seinem aufgespannten Regendach.«

Das Jahr der ›Winterreise‹

Beethovens Tod

Im Januar 1827 verbreitet sich in Wien die Nachricht, dass Beethoven schwer krank sei. Ärzte umsorgen ihn, doch der Zustand des Patienten wird immer schlechter. Schindler kümmert sich um den Vereinsamten und sucht nach Möglichkeiten, ihn zu zerstreuen. Dabei kommt er auf die Idee, ihm Lieder von Franz Schubert zu beschaffen. Beethoven, der die Werke des Jüngeren kaum kennt, ist überrascht. Tagelang studiert er dessen Noten, darunter ›Iphigenie‹, ›Grenzen der Menschheit‹, Lieder aus der ›Winterreise‹ u. a. »Wahrlich, in dem Schubert wohnt ein göttlicher Funke!«, soll er ausgerufen haben, und prophezeit, dass dieser noch viel Aufsehen in der Welt machen werde.

Bereits in der Konviktzeit hatte Schubert Beethoven verehrt. Nicht nur sein Geist imponierte ihm, sondern auch dessen Selbstbewusstsein und Durchsetzungsvermögen. Zugleich fühlt sich Schubert angesichts des »Riesens« wie gelähmt. »Wer«, so be-

46   Ludwig van Beethoven. Zeichnung von Johann Peter Lyser, um 1823

kennt er kleinlaut, »vermag nach Beethoven noch etwas zu machen?«

Die Frage, inwieweit zwischen Schubert und Beethoven Kontakte bestanden, wird wohl nie ganz geklärt werden können. Schubert soll geäußert haben, dass Beethoven unzugänglich sei. Er besucht die Konzerte, in denen seine Werke zur Aufführung kommen, z. B. die IX. Sinfonie. Sogar die Stammlokale des Meisters kennt er und sucht da seine Nähe. Manchmal trifft er ihn in der Steinerschen Verlagsbuchhandlung, räsonierend, sieht ihn durch die Straßen stürmen, bei Wind und Wetter, den Kopf vorgestreckt, mit den Händen einen Rhythmus nachbildend.

Jetzt aber, Anfang März 1827, stehen Schubert und Anselm Hüttenbrenner an Beethovens Krankenlager. Kurz darauf, am 26. März, stirbt er. Schubert ist erschüttert. Drei Tage später findet die Beerdigung statt. Wien trauert, und 30 000 Menschen geben dem Toten das letzte Geleit. Komponisten, Dirigenten und Musiker führen den Zug an. Zu beiden Seiten des Sargs schreiten Fackelträger, darunter Schubert. Nach der Beisetzung, so der Bericht, trifft sich dieser mit Freunden im Gasthof »Zur Mehlgrube«. Man trinkt auf das Andenken des Verstorbenen. Schubert soll das Glas erhoben und geäußert haben: »Nun, und dieses auf denjenigen von uns dreien, der unserem Beethoven als erster nachfolgen wird !«

Bis heute herrscht die Ansicht, Schubert habe sich von Beethoven nie ganz befreien können; indem er ihn glorifi-

28. März 1827: Hinaus in das Schwarzspanierhaus, wo ich die Leiche des göttlichen Beethoven ... betrachtete. Als ich in sein Zimmer trat, das groß und etwas vernachlässigt ist, wurde ich schon gerührt durch das traurige Aussehen desselben. Die Möbel sind spärlich darin angebracht, und nur das Klavier ... sowie ein sehr schöner Sarg zeichneten sich darin an Schönheit aus. Auf einigen Stellen lagen Musikalien und einige Bücher. Es war noch kein Paradebett hergerichtet, sondern er lag noch auf der Matratze seines Betts. Eine Decke lag über ihm, und ein ehrwürdiger Alter, den ich eher für seinen Diener, als für einen Totenwächter halten möchte, deckte mir ihn auf ...

Aus Franz von Hartmanns Tagebuch

47 Die Leichenfeier von Beethoven am 29.3.1827. Zeitgenössischer Stich

zierte, ließ er ihm freimütig den Vorrang. Doch betrachtet man Schuberts Gesamtwerk, ist die Theorie nicht haltbar. Besonders auf dem Gebiet des Liedschaffens geht er neue Wege und führt die Gattung auf ihren Höhepunkt. Noch deutlicher wird dies im sinfonischen Schaffen. Schuberts Jugendsinfonien sind, mit Ausnahme der »Vierten«, von den Vorbildern Haydn, Mozart und Rossini bestimmt. Die ›Unvollendete‹ und die ›Große C-Dur-Sinfonie‹ sind dagegen ganz eigene, individuelle Kunstwerke. Mehr dagegen ist Schuberts Beethoven-Orientierung in den Gattungen der Kammer- und Klaviermusik erkennbar. Bei-

Beethovens Leichenfeier
Auf beiden Seiten-Reihen, vom Anfange des Zuges bis zum Sarge zurück waren die Fackelträger, 36 an der Zahl, bestehend aus … Musikern, und unter ihnen … Schubert …, sämtlich in Trauerkleidern mit weißen Rosen und Liliensträußern, befestigt am Arme durch die Flöre, und mit brennenden Wachsfackeln.
Aus dem ›Sammler‹, Juni 1827

spiele dafür sind das Streichquartett c-Moll (D 703) oder
das Oktett (D 803), die an Beethovens Quartett op. 95
bzw. das Septett op. 20 erinnern. Robert Schumann
schreibt über das Verhältnis zwischen Beethoven und
Schubert, dass ihm beide nicht »Meister und Schüler« sei-
en, sondern vielmehr die »großen Gestalten, die eine neue
Epoche der Musikgeschichte eröffnen«. Beiden gemeinsam ist ihr Bestreben, die musikalischen Gestaltungsmittel immer mehr zu differenzieren und auszuweiten. Besonders Schuberts Formenbehandlung, die erweiterte
Tonalität und die Harmonik führen über Beethoven hinaus und bis weit ins 19. Jahrhundert.

›Winterreise‹, Klaviertrios, Impromtus

Bereits im März 1827 zieht Schubert wieder zu Schober,
der nun in der Nähe des »Roten Igels«, dem Sitz der Wiener »Gesellschaft der Musikfreunde«, wohnt. Sein Ge-
sundheitszustand hat sich verschlechtert. Vielleicht treten inzwischen bereits die Spätsymptome der Krankheit
auf: häufige Kopfschmerzen, Schwindelanfälle, Fieber,
Wallungen. »Was wird aus mir armem Musikanten?«,

Schuberts Wohnungen
1797 bis Herbst 1801: Vorstadt Himmelpfortgrund, Haus »Zum
  roten Krebsen«
Herbst 1801 bis Herbst 1808: Himmelpfortgrund, Haus »Zum
  schwarzen Rössel« (Schule)
Herbst 1808 bis Herbst 1813: Innere Stadt, k. k. Stadtkonvikt
Herbst 1813 bis Herbst 1816: Wieder beim Vater
Dazwischen (Mai 1816): Vorstadt Landstraße, bei Heinrich J.
  Watteroth
Herbst 1816 bis August 1817: Innere Stadt, Haus »Zum Winter«,
  bei Familie Schober
Ende 1817: Wieder beim Vater
Anfang 1818: Gemeinsamer Umzug mit dem Vater in die Vor-
  stadt Rossau in ein neues, besseres Schulhaus
Herbst 1818 bis Ende 1820: Innere Stadt, zusammen mit Johann
  Mayrhofer
1821: Innere Stadt, nahe der vorigen Wohnung, erstmals allein
1822 bis Sommer 1823: Innere Stadt »Göttweigerhof«, wieder bei
  Familie Schober

schreibt er an Bauernfeld, der sich seines Beamtenpostens freut, »ich werde wohl im Alter wie Goethes Harfner an die Türen schleichen und um Brot betteln müssen!«

Ist das Jahr zwar dunkler als 1826, so gehört es doch neben dem Todesjahr 1828 zu den künstlerisch produktivsten. Mindestens 18 Mal – doppelt so oft wie im Vorjahr – erscheint sein Name in den »Abendunterhaltungen« und bei privaten Veranstaltungen. Am 16. April führt Schuppanzigh das bedeutende, den Weg zur großen Sinfonie weisende Oktett für Streicher und Bläser F-Dur öffentlich auf. Anfang Juni wird er zum Mitglied des Repräsentantenkörpers der »Gesellschaft der Musikfreunde« gewählt.

Im Jahr 1827 entstehen auch zahlreiche neue Kompositionen. Die bedeutendste ist ohne Zweifel die ›Winterreise‹, nach den ›Müller-Liedern‹ nun der zweite große Liederzyklus mit 24 Liedern. Die Texte stammen wiederum von Wilhelm Müller, der sie 1822/23 schuf. Der Zyklus handelt von einem Wandergesellen, der, von seiner Liebsten verlassen, in einer kältestarrenden Welt umherirrt und den Tod ersehnt. Bereits zu Beginn des Jahres 1824 kennt Schubert den ersten Teil der Gedichte, und zwar

Dazwischen (Herbst 1822 bis Frühjahr 1823): Wieder beim Vater
Herbst 1823 bis Frühjahr 1824: Innere Stadt, bei dem Freund
  Josef Huber
Oktober 1824 bis Februar 1825: Wieder beim Vater
Februar 1825 bis Sommer 1826: Innere Stadt, nahe dem »Mond-
  scheinhaus« (Wohnung der Familie Schwind)
Dazwischen (Frühjahr/Sommer 1826): Vorort Währing, zusam-
  men mit Schwind und Schober
Herbst 1826: Innere Stadt, wieder bei Schober
Ende 1826 bis Februar 1827: Innere Stadt, auf der Bastei
März 1827 bis August 1828: Innere Stadt, Haus »Zum blauen
  Igel«, bei Schober
Mai/Juni 1828: Vorort Dornbach, im Gasthof »Zur Kaiserin von
  Österreich«
September bis November 1828: Vorstadt Wieden, beim Bruder
  Ferdinand
Hinzu kommen die Sommeraufenthalte in Zseliz, Oberösterreich
  und Graz, Aufenthalte in Ochsenburg, St. Pölten, Schloss At-
  zenbrugg u. a.

aus dem ›Urania Taschenbuch auf das Jahr 1823‹ (Leipzig), das er in Schobers Bibliothek entdeckt. Er fühlt sich von den Texten stark angezogen. Der Reinschrift-Beginn datiert mit »Februar 1827«, und kurz darauf liegt Teil I mit zwölf Liedern vor. Spaun berichtet, dass er danach »durch einige Zeit düster gestimmt« und »angegriffen« schien. »Auf meine Frage, was in ihm vorgehe, sagte er nur: ›Nun, ihr werdet es bald hören und begreifen.‹ Eines

48   Franz Schubert. Aquarell
von August Wilhelm Rieder,
1825

Tages sagte er zu mir: ›Komme heute zu Schober, ich werde euch einen Zyklus schauerlicher Lieder vorsingen. Ich bin begierig zu sehen, was ihr dazu sagt. ...‹ Er sang nun mit bewegter Stimme die ganze Winterreise (d.h. Teil I, M.K.) durch. Wir waren über die düstere Stimmung dieser Lieder ganz verblüfft, und Schober sagte, es habe ihm nur das Lied ›Der Lindenbaum‹ gefallen«.

Auch im ersten Halbjahr 1827 entsteht wieder eine Reihe Vokalkompositionen für Chor. Zu den bekanntesten gehört das im Februar geschriebene ›Schlachtlied‹ nach Klopstock, ein achtstimmiger Doppelchor für Männerstimmen. Dieses Stück ist von zündender Wirkung – fanfarenartig, in hellem D-Dur und zudem mit abwechselnd chorischen und unisonen Teilen. Im April komponiert Schubert das träumerisch-heitere Naturbild ›Nachtgesang im Walde‹ nach Seidl, mit vier Waldhörnern als Begleitung. Kurz darauf, am 22. April, kommt das Stück in einem Privatkonzert des Komponisten Josef Lewy zur Aufführung. Im Juli schließlich entsteht das Ständchen »Zögernd, leise« nach einem Grillparzer-Gedicht für Altsolo, Männer- bzw. (auch) Frauenchor und Klavier. Das kunstvoll gearbeitete Chorlied wird für eine Geburtstagsfeier bei Anna Fröhlich benötigt.

Nach dem Abschied Schwinds, der im August zu einem Studienaufenthalt an die Münchner Kunstakademie fährt, kommt auch Schubert wieder zu einem Urlaub, diesmal in die steiermärkische Landeshauptstadt Graz. Hier hat sich ebenfalls ein Kreis von Schubertverehrern gebildet. Man kennt die Liederdrucke und die Männer-

Ankündigung eines Wohltätigkeitskonzertes in Graz
Samstag, den 8. September d.J. wird vom steiermärkischen Musikvereine eine große musikalische Akademie abgehalten, deren voller Ertrag ... der Unterstützung der durch die letzt eingetretene Überschwemmung in Notstand versetzten Bewohner des flachen Landes und den dürftigen Landesschullehrer-Witwen und -Waisen, deren jährliche Beteiligung dem Musikverein statutenmäßig obliegt, zu gleichen Teilen gewidmet wird.
Aus der amtlichen ›Grazer Zeitung‹, 6. September 1827

chorquartette und führt sie auf. Schubert, der seit langem eingeladen ist, wohnt im Haus des Advokaten und Brauereibesitzers Karl Pachler. Dessen Familie führt einen bedeutenden Salon, in dem Sänger, Schauspieler und Gelehrte verkehren. Pachlers Frau ist hochmusikalisch und gilt als die beste Pianistin der Stadt. Schubert wird wie stets mit Spannung erwartet. Schubertiaden werden organisiert, und der Komponist muss selbst singen; später wird vierhändig gespielt. Der Beifall ist stürmisch, herzlich. In einem Wohltätigkeitskonzert kommen ›Normans Gesang‹ aus den ›Scott-Liedern‹, das Quartett ›Geist der Liebe‹ und das pantheistische Chorlied für Frauenstimmen ›Gott in der Natur‹ zur Aufführung. Natürlich versäumt man nicht, dem Komponisten das Theater zu zeigen. Die Meyerbeer-Oper ›Der Kreuzfahrer von Ägypten‹ wird gegeben, doch die Äußerlichkeit und das Laute missfallen ihm. Freunde arrangieren eine Wagenpartie

›Winterreise‹

Der Ich-Erzähler des Liederzyklus ›Winterreise‹ ist der Inbegriff romantisch-ironischer Verzweiflung. Doch im Unterschied zur »Schönen Müllerin«, der Geschichte einer Liebe von Anfang bis Ende, findet man hier nur noch den Nachklang des bitteren Erlebens. Die Lieder lassen kaum eine Handlung erkennen, sondern schildern vielmehr eine ausweglose psychische Entwicklung. Der Zyklus ist durchweg von düsterer Grundstimmung, wobei die Nuancen des »Dunkels« jedoch unterschiedlich sind, so dass keine Monotonie entsteht. Die Darstellung des Wanderns »durch Eis und Schnee« ist ganz auf das Wesentliche konzentriert; während der erste Teil noch mit der Vergangenheit des Unglücklichen in Verbindung steht, geht es im zweiten Teil eher um sein gegenwärtiges Elend.

Die Einheit des Zyklus wird auf der motivisch-thematischen Ebene hergestellt: Drei Motive, die das erste Lied bestimmen, kehren auch in den späteren Liedern abgewandelt wieder. Im Bereich der Tonalität dominieren Molltonarten, die die düstere Grundstimmung festlegen. Nur unwirklich-traumhafte Kontraste stehen in Dur. Auch die Klavierbegleitung ist von großer Bedeutung. Zahlreiche Gleichnisse des Textes werden durch Tonmalerei bzw. Tonsymbole auf dem Klavier umgedeutet. Beispiele dafür sind die »kreisende« Thematik im Lied ›Die Wetter-

nach dem zwanzig Meilen entfernten Schloss Wildbach, wo ebenfalls musiziert wird. Schubert spielt stundenlang am Klavier auf, mit Ländlern, Deutschen, Galoppen und Ecossaisen. In dieser Zeit entstehen – neben Liedern und der ›Altschottischen Ballade‹ (D 923) – auch die bekannten ›Zwölf Grazer Walzer‹ (D 924) und der ›Grazer Galopp‹ (D 925).

Trotz quälender Kopfschmerzen, die nach der Rückkehr wieder einsetzen, drängt es Schubert sogleich zum Komponieren. Bereits im Frühjahr hatte er in Schobers Bibliothek den zweiten Band ›Gedichte aus den hinterlassenen Papieren eines reisenden Waldhornisten‹ mit weiteren Texten zur ›Winterreise‹ entdeckt. Ende Oktober sind auch sie vertont – zur Überraschung der Freunde. Die Fortsetzung des Zyklus führt zu zahlreichen Veränderungen des ersten Teils. Schubert folgt im zweiten Teil nicht der Reihung in der Vorlage; so wird z. B. das Lied

fahne‹ (2) oder die »kraftlos« herabgleitende, das Blätterfallen imitierende Melodik im 14. Lied ›Letzte Hoffnung‹.

Die ›Winterreise‹ vereint unterschiedliche Liedformen, die den Zyklus zu einem Werk der Spätreife machen. Strophenlieder sind z. B. ›Wasserflut‹ (6), ›Frühlingstraum‹ (11) oder ›Die Post‹ (13), variierte Strophenlieder ›Gute Nacht‹ (1), ›Der Lindenbaum‹ (5) oder ›Der Leiermann‹ (24). Mit häufiger Variantenbildung, Tempowechseln, plötzlichen Mollfärbungen, jähen Ausbrüchen usw. weisen die Lieder zugleich über diese Formtypen hinaus.

Die Abfolge der Lieder ist mit äußeren und zugleich inneren »Stationen« vergleichbar. Schmerzlich-quälende Erinnerungen thematisieren z. B. die Lieder ›Die Wetterfahne‹ (2), ›Erstarrung‹ (4) und ›Rückblick‹ (8). Ausweglosigkeit und Verzweiflung kommen in ›Gefrorene Tränen‹ (3), ›Der greise Kopf‹ (14) und ›Letzte Hoffnung‹ (16) zum Ausdruck. Gefühle von Einsamkeit kennzeichnen schließlich ›Gute Nacht‹ (»Fremd bin ich eingezogen«) (1), ›Der Wegweiser‹ (20), ›Das Wirtshaus‹ (21) oder das letzte Lied ›Der Leiermann‹ (24). Das typische Beispiel für die Entrückung in Traumsphären ist dagegen ›Der Lindenbaum‹. Darüber hinaus wird mit zahlreichen poetischen Symbolen gearbeitet, z. B. der »Wetterfahne« (Unbeständigkeit), dem »Wirtshaus« (Aufnahme finden), der »Post« (verheißungsvolle Botschaft) und dem »Leiermann« (den keiner hören will).

›Die Nebensonnen‹ (Nr. 11) in die Nähe des ›Leiermanns‹ gesetzt, um die letzten Lieder in einen engeren inhaltlich-musikalischen Zusammenhang zu bringen. Dazu kommen auch Eingriffe in den Text.

Im Herbst 1827 komponiert Schubert die beiden Trios für Klavier, Violine und Violoncello in B-Dur und Es-Dur, die acht Impromtus (Serie I D 899 / Serie II D 935), die Fantasie C-Dur für Klavier und Violine (D 934) und die ›Moments musicaux‹ (Vollendung). Das vermutlich im Oktober geschriebene B-Dur-Trio wird bereits am 26. Dezember in einem öffentlichen Quartettabend Schuppanzighs aufgeführt, das spätere Es-Dur-Werk in der

Impromtus

Schuberts Impromtus – zwei Serien zu je vier Stücken – gehören noch heute zum Inbegriff seiner Klaviermusik. Sie zeichnen sich aus durch poetischen Reichtum und charakterliche Prägnanz. Die Impromtus sind keine Bagatellen, sondern stehen inhaltlich-kompositorisch auf hohem Niveau und weisen einen entsprechenden Schwierigkeitsgrad auf. In puncto Spieltechnik nehmen sie oft den Virtuosenstil Chopins und Liszts vorweg.

Die beiden Serien ähneln in der Abfolge und im Charakter der Stücke je einer viersätzigen Sonate, was schon Robert Schumann feststellte. Schubert ging es jedoch darum, freie Stücke zu komponieren, die sowohl einzeln als auch »zyklisch« gespielt werden können. Dies betrifft besonders die Serie II, deren Tonartenfolge f-Moll – As-Dur – B-Dur – f-Moll dem Sonatentyp gemäßer ist. Wie häufig bei Schubert, sind diese Stücke weniger auf eine Entwicklung im beethovenschen Sinn angelegt, sondern auf das Variieren, das »Ausschöpfen« eines musikalischen Kerngedankens. Dies geschieht weniger mittels motivisch-thematischer Arbeit als durch freies, phantasievolles Improvisieren.

Mit seinem glitzernd-»abwärts perlenden« Hauptthema gehört das Impromtu Nr. 4 As-Dur (Serie I) zu den schwierigsten. Den Gegensatz zum Hauptgedanken bildet ein Mittelteil in cis-Moll. Imposant ist das Impromtu Nr. 1 f-Moll (Serie II) mit seiner geradezu sinfonischen Anlage. Seine Exposition gleicht der eines klassischen Sonatensatzes mit zwei gewichtigen, klar strukturierten Themen. Am populärsten ist dagegen das menuettartige Impromtu Nr. 2 As-Dur (Serie II) mit einer schlichten Liedweise als Thema. Den Kontrast dazu bilden harmonische Eindüsterungen bis hin zum fernen ges-Moll.

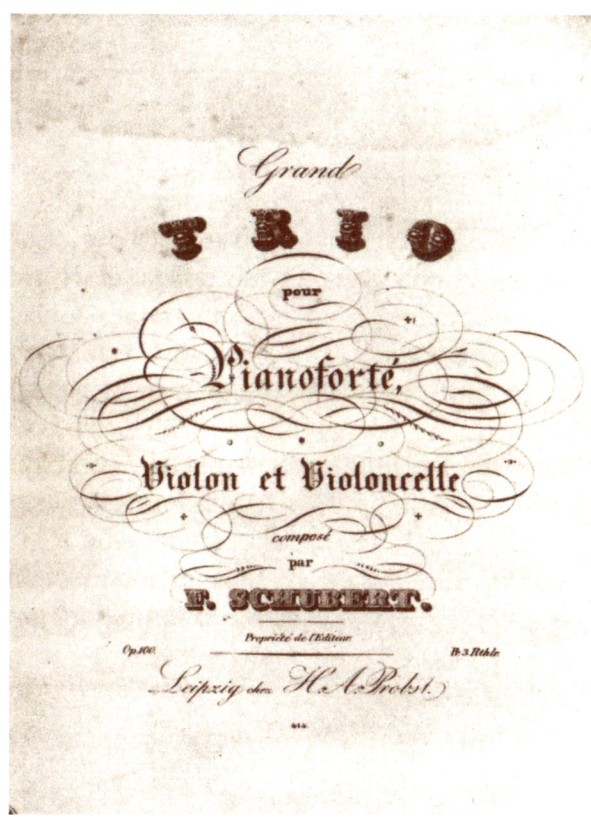

Schubertiade am 27. Januar 1828. Zu den populärsten Klavierkompositionen gehören auch die beiden Impromtu-Serien. Dieser Titel stammt nicht von Schubert, sondern von seinem Verleger Haslinger. Nur die beiden ersten

49   Titelblatt des Trios Es-Dur, D 929

Euer Gnaden! Wien, am 27. September 1827.
Schon jetzt erfahre ich, daß ich mich in Gräz zu wohl befunden
habe, und Wien will mir noch nicht recht in den Kopf, s' ist frey-
lich ein wenig groß, dafür aber ist es leer an Herzlichkeit, Offen-
heit an wirklichen Gedanken, an vernünftigen Worten, und besonders an geistreichen Taten … In Grätz erkannte ich bald die
ungekünstelte und offene Weise, mit und nebeneinander zu seyn,
in die ich bey längerem Aufenthalt sicher noch mehr eingedrun-
gen seyn würde. Besonders werde ich nie die freundliche Her-
berge … vergessen, wo ich seit langer Zeit die vergnügtesten Tage verlebt habe.

Brief Schuberts an Frau Pachler

Impromtus (D 899, 1–2) werden zu Schuberts Lebzeiten
gedruckt. Die Serie II folgt 1838 bei Diabelli, die fehlen-
den Stücke 1857. Die Impromtus setzen sich jedoch nur
mühsam durch, da sie, wie der Verlag B. Schott's Söhne in
Mainz anmerkt, »als Kleinigkeiten zu schwer« seien.

Anfang 1828 vollendet Schubert auch die ›Moments
musicaux‹, einen Zyklus von sechs kleinen Klavierstücken. Anders als bei den ›Impromtus‹ handelt es sich
hier um kurze Stücke von 2-8 Minuten Spieldauer. Die
›Moments musicaux‹ (Musikalische Momentaufnahmen)
sind Charakterstücke, die aus dem unmittelbaren Eindruck entstehen, und zählen zu den persönlichsten Be-

Ein Blick auf das Trio (B-Dur, M. K.) – und das erbärmliche Men-
schentreiben flieht zurück und die Welt glänzt wieder frisch …
Innerlich unterscheiden … sich (beide) aber wesentlich voneinan-
der. Der erste Satz, der dort (Es-Dur) tiefer Zorn und wiederum
überschwängliche Sehnsucht, ist in unserm (B-Dur) anmutig, ver-
trauend, jungfräulich; das Adagio – Andante un poco mosso –,
das dort (Es-Dur) ein Seufzer ist, der sich bis zur Herzensangst
steigern möchte, ist hier ein seliges Träumen, ein Auf- und Nie-
derwallen schön menschlicher Empfindung. Die Scherzos ähneln
sich; doch gebe ich dem im früher erschienenen … Trio (Es-Dur)
den Vorzug. … Mit einem Worte, das Trio in Es-Dur mehr han-
delnd, männlich, dramatisch, unseres dagegen leidend, weiblich,
lyrisch.

Robert Schumann zu den beiden Klaviertrios
(aus einer Sammelbesprechung neu erschienener Trios von 1836)

kenntnissen des Komponisten. Die Stücke 1, 2, 4 und 6 folgen dem Tanzsatz-Modell (ABA-Form). Häufig liegt dabei ein charakteristischer musikalischer Gedanke zugrunde, der tonal, harmonisch oder rythmisch fortentwickelt wird. Typische Merkmale sind auch die ostinaten Melodietöne, Chromatismen und metrischen Unregelmäßigkeiten. Die ›Moments musicaux‹ liefern Robert Schumann später Anregungen für seine eigenen Miniaturen.

Im November 1827 entsteht schließlich noch die ›Fantasie für Violine und Klavier‹ C-Dur. Das Werk ist zyklisch angelegt, lässt jedoch innerhalb der Einsätzigkeit klar den Bauplan der mehrsätzigen Form erkennen. Im Mittelpunkt steht das Andantino mit Variationen über das Lied ›Sei mir gegrüßt‹ nach Friedrich Rückert. Besonders die Violine kann sich hier entfalten, mal mit sanft fließendem Legatospiel, mal mit virtuoser Brillanz (Arpeg-

50 Robert Schumann. Nach einer Lithographie von Josef Kriehuber, 1839

gien, Springbogen). Verschiedene Charakter-Abschnitte komplettieren das Werk.

Spätestens im Herbst 1827 komponiert Schubert auch die ›Deutsche Messe‹ mit dem Text von Johann P. Neumann, eines der populären geistlichen Chorwerke. Das Werk wurde in der Zweitfassung zusätzlich mit Blasorchester besetzt und steht im Zeichen des Pantheismus. Seine Anlage ist schlicht, volksliedhaft, mit diatonischer Melodik und homophoner Struktur. In der protestantischen Kirchenmusik hat vor allem das Sanctus Verbreitung gefunden.

Das Jahr der Vollendung

Den Silvesterabend 1827 verbringen Schubert und die Freunde wieder bei Schober. Franz von Hartmann notiert: »Schlags zwölf tranken wir (Spaun, Enk, Schober, Schubert, Gahy, … Bauernfeld, Schwind und wir zwei) uns gegenseitig ein glückliches neues Jahr mit Malaga zu … Um 2 Uhr gingen wir nach Hause …« Am 2. Januar 1828 heißt es: »Ins Bierhaus, wo Spaun und Schober über das Duell disputierten und endlich Spaun (ganz gut) sagte, dieses Gespräch sei abzubrechen. Schober, der just spricht, findet sich darüber so beleidigt, dass er ein fürchterliches Geschrei anfängt …« Schließlich am 3. Januar: »Zu Bogner (Kaffeehaus, M. K.), wo die gewöhnliche Gesellschaft, Spaun schüttelt Schober höchst fidel beim Kommen und Gehen die Hand.«

Dann, am 28. Januar, kommt es zu einem denkwürdigen Ereignis: der letzten Schubertiade. Der Abend findet zu Ehren Spauns statt, der in Kürze heiratet. Schubert hat namhafte Musiker eingeladen, darunter Karl M. von Bocklet, den damals besten Pianisten Wiens, und Schuppanzigh. Zu den Höhepunkten gehört, wie bereits erwähnt, die Aufführung des Klaviertrios Es-Dur. Danach spielen Schubert und Bock-

51 Ignaz Schuppanzigh (1776–1830), österreichischer Violinist und Primarius des nach ihm benannten Schuppanzigh-Quartetts, gilt als der erste professionelle Quartettgeiger Wiens und brachte eine Reihe von Beethoven-Streichquartetten zur Uraufführung.

let die vierhändigen Variationen (D 813), und zwar laut Spaun »mit solchem Feuer, daß alles entzückt war und Bocklet seinen Freund jubelnd umarmte. Wir blieben bis Mitternacht fröhlich beisammen …«

Im Todesjahr 1828 nimmt auch das Interesse der Verleger weiter zu. Bereits im Dezember 1827 sind die ersten Impromtus erschienen. Mitte Januar kündigt Haslinger den Teil I der ›Winterreise‹ an – mit den Lobesworten, dass »jeder Dichter sich Glück wünschen (darf), der von seinem Componisten so verstanden, mit eben so warmem Gefühl als kühner Fantasie aufgefaßt … wird.« Dabei darf nicht der Bericht eines Freundes, Franz Lachner, verschwiegen werden, nach dem Schubert krank und ohne Geld mit der ›Winterreise‹ zu Haslinger kommt, der ihm einen (!) Gulden pro Lied zahlt.

Bereits im Februar treffen zwei weitere Angebote ein, vom Verlag B. Schott's Söhne und Probst. »Wir sind nun so frei«, schreibt der Schott-Verlag, Sie um einige Werke … zu ersuchen. Klavier-Werke, oder Gesänge für eine oder mehrere Stimmen werden uns stehts willkommen seyn.«. Schubert, der sich eine Verbreitung seiner Kompositionen in Deutschland erhofft, bietet unter anderem Vokalwerke, zwei Streichquartette, das Klaviertrio Es-Dur und die f-Moll-Fantasie an. Der Verlag will die Stücke »nach und nach« veröffentlichen. Auch Probst, den Schubert 1827 kennen lernte, bekundet Interesse an »neueren Geisteswerken« des Komponisten und will dessen Namen »tüchtig im übrigen Deutschland u. dem Norden« verbreiten. Kurz darauf, im Frühjahr, kommt es zum Druck des Klaviertrios Es-Dur.

Karl M. Bocklet (1801–1881), Violinspieler und Klaviervirtuose, kam 1817 von Prag nach Wien, wo er eine Anstellung am Theater an der Wien als Geiger erhielt. Mit ihm wurden mehrere Schubert-Kompositionen erstmals aufgeführt, darunter das ›Rondo brillant‹ (Anfang 1827), die Klaviertrios B-Dur und Es-Dur (Dezember 1827 / März 1828). Schubert widmete Bocklet mehrere Werke, so z. B. die Klaviersonate D-Dur (D 850) und die beiden Klaviertrios.

Das erste Konzert

Dass Schubert bis zuletzt nicht die öffentliche Anerkennung findet, die ihm gebührt, ist zumindest teilweise ihm selbst zuzuschreiben. Was zu seiner Lage beiträgt, ist die unüberwindliche Abneigung, sich vor dem großen Publikum zu präsentieren. Dies mussten sogar Mozart und Beethoven, die Akademien (d. h. Konzerte) gaben und so nicht nur die Musikliebhaber, sondern auch die Verleger interessierten. Dazu kommt Schuberts Drang, ausschließlich zu komponieren, der fatal ist, wenn jene merkwürdige Gleichgültigkeit gegenüber den fertigen Schöpfungen die Folge ist – was zumindest anfangs der Fall war. Schuberts Freunde hatten das Dilemma durchschaut, darüber nachgedacht und beraten. Bauernfeld ist dabei der Hartnäckigste. Immer mehr setzt er dem Zaudernden zu, mit einem Konzert, das nur aus eigenen Werken besteht, den Durchbruch zu wagen. Anfang März ist es, als der Dichter den Freund in aller Deutlichkeit auffordert zu handeln: »Du bist zwar ein Genie, aber auch ein Narr! Du zweifelst an dir! Bist du gescheit? ... Dein Name klingt in aller Munde, und jedes deiner Lieder ist ein Ereignis; du hast die prächtigsten Streichquartette und Trios verfaßt, der Sinfonien nicht zu denken! ... So nimm dir einen Anlauf, bezwinge deine Trägheit, gib ein Konzert ...«

Bauernfeld ist es zu verdanken, dass sich Schubert endlich überwindet, die Genehmigung der beiden k. k. Hoftheater einholt, die »Gesellschaft der Musikfreunde« um Überlassung des Saals bittet und am 26. März schließlich zum ersten Mal vor einem Publikum auftritt. Die Vorbereitung scheint nun einfach, so, als habe jeder-

Unter **Akademien** verstand man im 18./19. Jahrhundert bestimmte Konzerte, Konzertreihen und Abonnementskonzerte. Diese wurden häufig von einem Solisten organisiert, darüber hinaus fanden auch Veranstaltungen zum »Vorteil eines Künstlers« und für öffentliche Wohltätigkeitseinrichtungen statt. Die ersten Akademien wurden in Mannheim (seit 1779), München (seit 1811) und Wien (z. B. mit Beethovens neunter Sinfonie am 7. Mai 1824) gegeben.

mann das Ereignis erwartet: Das »Locale« wird dem Mitglied »mit Vergnügen« kostenlos überlassen. Künstler, die mit ihm befreundet sind, stellen sich ohne Honorar zur Verfügung. Darunter befinden sich die Sänger Vogl, Ludwig Titze und die Schwestern Fröhlich, der Geiger und Klaviervirtuose Bocklet, Lewy als Waldhornist u.a. Mit herzlichen Worten lädt die ›Wiener Allgemeine Theaterzeitung‹ zum Konzertbesuch ein: »Franz Schubert, dessen geisteskräftige … originelle Tondichtungen ihn zum Liebling des gesamten musikalischen Publikums machen und die durch echt künstlerischen Wert … einen … unvergänglichen Ruhm bereiten dürften, führt uns … einen Zyklus seiner neuesten Geistesprodukte vor …«

Das Konzert ist gut organisiert, der Saal mit über 300 Zuhörern ausverkauft. Die Stücke sind sorgfältig auf das Publikum abgestimmt. Zu Gehör kommen der erste Satz des Streichquartetts in G-Dur (D 887), mehrere Lieder (›Der Kreuzzug‹, ›Die Sterne‹, ›Fischerweise‹ und ›Fragment aus dem Aeschylos‹), das ›Ständchen‹ in der Fassung für Alt-Solo und Frauenchor, das Klaviertrio in Es-Dur sowie ›Auf dem Strom‹, ›Die Allmacht‹ und ›Schlachtgesang‹ unter Mitwirkung des Komponisten am Klavier.

Das Konzert wird zum einmaligen Erfolg. Bauernfeld erinnert sich: »Der Saal war vollgestopft, jedes einzelne Stück wurde mit Beifall überschüttet, der Kompositeur unzählige Male hervorgerufen …« Im Brief einer Zeitgenossin heißt es: »… ich muß Ihnen … von frischem, blühendem Leben erzählen, welches in einer Akademie, welche

Paganini in Wien
… daß ihn Schubert hören mußte, verstand sich von selbst, aber … er ward ernstlich böse, als ich mich weigerte, die Karte von ihm anzunehmen. »›Dummes Zeug!‹ rief er aus … ich hab' jetzt Geld wie Häckerling – komm also!« … Wir hörten also den infernalisch-himmlischen Geiger … und waren nicht minder entzückt von seinem wunderbaren Adagio als höchst erstaunt über seine sonstigen Teufelskünste, auch nicht wenig humoristisch erbaut

Schubert d. 26. März gab, herrschte. Es wurden lauter Kompositionen von ihm selbst und herrlich gegeben. Alles war in einem Taumel von Bewunderung und Entzücken verloren. Es wurde geklatscht und getrommelt …«

Mit dem Konzert hat Schubert das große, öffentliche Publikum gefunden. Der Weg ist frei für weitere regelmäßige Auftritte. Dazu kommt der Reinerlös des Abends: achthundert Gulden! Auch der Musikalienmarkt reagiert sofort: Probst entschließt sich wie bereits erwähnt zum Druck des Es-Dur-Trios. Schubert, der in diesen Tagen Gefeierte, kann neuen Mut fassen. Seine Schulden werden beglichen, ein neues Klavier wird gekauft. Freunde sitzen im Theater neben ihm und trinken Wein auf seine Rechnung.

Nur durch eines werden Genugtuung und Triumph überschattet, durch die Ignoranz der Wiener Presse. Kaum ein Bericht gelangte in die Zeitungen, denn in diesem Moment trifft ein noch Berühmterer in Wien ein: Paganini! Drei Tage nach dem Auftritt Schuberts gibt der »Hexenmeister der Violine« sein erstes Konzert, dem 13 weitere folgen – nur davon berichten die Zeitungen. Doch privat wird in der ›Dresdener Zeitung‹ folgendes vermeldet: »Es ist nur eine Stimme in unseren Mauern und diese schreiet: Hört Paganini … Natürlich ist es nun wohl, daß neben ihm alle anderen musikalischen Künstler im Schatten stehen … und so kommt es, daß wir … neben seinen Konzerten noch musikalische Akademien und Konzerte genug angekündigt sehen … So kann ich dir denn nun nennen: ein Privat-Konzert des beliebten Tondichters Schubert …«

durch die unglaublichen Kratzfüße der dämonischen Gestalt, die einer an Drähten gezogenen, mageren schwarzen Puppe glich …
Eduard von Bauernfeld: »Einiges von Franz Schubert«,
in: ›Schubert. Die Erinnerungen seiner Freunde‹,
hg. von Otto Erich Deutsch, Wiesbaden 1983

Die letzten großen Werke

Noch im Todesjahr komponiert Schubert zahlreiche Werke, darunter Lieder, Klaviermusik, Kammermusik und Vokales. Künstlerisch ist er in die Phase der Meisterschaft getreten. Das Konzert gibt ihm neuen, gewaltigen Auftrieb. Im März schreibt er die Kantate für Solo-Sopran und Chor mit Klavierbegleitung ›Mirjams Siegesgesang‹ nach Grillparzer. Das groß angelegte, hymnisch-zuversichtliche Werk schildert den Jubel der Israeliten, die der Reiterschar des Pharaos entkommen (Moses II, 15); musikalisch ist dies eine Auseinandersetzung mit den Oratorien Händels. Das auf Wunsch von Anna Fröhlich entstandene Werk wird am 30. Januar 1829 im Musikvereinssaal aufgeführt und 1832 gedruckt. Inzwischen hat auch Bauernfeld das Libretto zum ›Graf von Gleichen‹ vollendet. Die Zensur lehnt das Werk ab, doch Schubert macht sich trotzdem an die Arbeit. Als Vorbild dient das Wiener Singspiel neben Elementen der großen romantischen Oper. Das Stück bleibt jedoch unvollendet.

Zu Schuberts bedeutendsten vierhändigen Klavierwerken gehört auch die im April vollendete Fantasie f-Moll (D 940). Dieses Werk geht offenbar auf die unerfüllt gebliebene Liebe des Komponisten zu Caroline zurück. Das viersätzige Stück verbindet Sonaten- und Fantasieprinzipien, wobei der Wechsel von dramatisch-erregten und lyrischen Abschnitten typisch ist. Die von Schubert noch zum Druck gegebene Fantasie wird 1829 veröffentlicht.

Schuberts romantische Oper ›Der Graf von Gleichen‹ entstand zwischen Juni 1827 und Frühjahr (?) 1828. Das Werk wurde fast vollendet, nur die Ouvertüre, eine Nummer und das Finale fehlen. Die Handlung: Ein Graf aus dem Thüringischen, der nach langer Zeit in die Heimat zurückkehrt, bringt seine Geliebte, Suleika, mit. Die Gattin des Grafen toleriert jedoch die Situation und stimmt einer Zweitheirat zu, die sogar der Papst sanktioniert. Das Textbuch wurde von der Zensur abgelehnt mit der Begründung, dass damit Bigamie verherrlicht werde. Das Werk wurde in den 1990er Jahren rekonstruiert; Aufführungen fanden 1992 auf der Schallaburg (Niederösterreich), 1993 in Wien, 1994 in Cincinatti (USA) sowie 1996 im thüringischen Meiningen statt.

Kurz nach Vollendung des Werkes folgen zwei weitere Klavierduette: das ›Allegro in a-Moll‹ (D 947) ›Lebensstürme‹ (Titel nicht vom Komponisten), das neben dem »dahinstürmenden« Hauptthema noch ein machtvolles »Choralthema« aufweist, sowie das abgeklärte, Ruhe und Heiterkeit ausstrahlende Rondo A-Dur (D 951). Zu den Klavierwerken von 1828 gehören auch die ›Drei Klavierstücke‹ (D 946) und weitere Impromtus.

Zwischen Juni und September schreibt Schubert seine letzte Messe in Es-Dur – nach dem As-Dur-Schwesterwerk von 1822 die zweite »Missa solemnis«, d. h. groß angelegte Messkomposition. Das Werk entsteht im Auftrag des »Vereins zur Pflege der Kirchenmusik im Alsergrund‹, vermittelt durch Ferdinand, der die ›Uraufführung‹ am 4. Oktober 1829 auch leitet. Die Wiener Theaterzeitung äußert sich lobend, doch die Wiederholung am 15. November wird seitens der Leipziger ›Allgemeinen musikalischen Zeitung‹ kritisiert – zu sehr stoße dieses Werk in Neuland vor. Johannes Brahms ist es später zu verdanken, dass Partitur und Stimmen 1865 zum Druck gelangen.

Der Titel ›Schwanengesang‹ steht für die beiden letzten Liedgruppen Schuberts, die ›Rellstab‹- sowie die ›Heine-

52 Ludwig Rellstab. Stahlstich von August Weger

Ludwig Rellstab (1799–1860), führender Musikkritiker der Berliner ›Vossischen Zeitung‹ und Herausgeber der Musikzeitschrift ›Iris im Gebiete der Tonkunst‹, schrieb Opernlibretti (u. a. für Meyerbeer), historische Romane (›1812‹, ein Napoleon-Roman) und Erzählungen. Aufgrund seiner patriotischen Gesinnung wurde er mehrmals mit Gefängnis bestraft. Neben Rellstabs Texten aus dem ›Schwanengesang‹ vertonte Schubert auch die Gedichte ›Auf dem Strom‹ mit Horn und Klavier (März 1828) und ›Herbst‹ (April 1828).

Lieder‹. Diese Lieder, deren Entstehungszeit fraglich ist, gelangen nach dem Tod des Komponisten durch Ferdinand an Haslinger, der sie Anfang Mai 1829 mit diesem Titel publiziert. Von Ludwig Rellstab, dem Berliner Erzähler und Opernlibrettisten, vertont Schubert mehrere Lieder, z. B. ›Auf dem Strom‹ mit Horn und Klavier. Die

Messe Es-Dur

Auch die Es-Dur-Messe orientiert sich nicht am Ideal höfisch-liturgischer Kirchenmusik, sondern ist das ganz persönliche Bekenntnis ihres Schöpfers. Die Wahl der Grundtonart wirkt zunächst versöhnlich: Nicht »Grab« und »Tod« klingen an, dafür nach Schubarts Tonartencharakteristik »der Ton der Liebe, der Andacht, des traulichen Gesprächs mit Gott.« Doch zugleich merkt die ›Allgemeine musikalische Zeitung‹ »düsteren Styl« an – nicht zu Unrecht, da das Werk zugleich Zeugnis des Schmerzes und Dokument der Heillosigkeit der Welt ist. Kompositorisch betritt der Komponist hier Neuland. Dies betrifft vor allem die Dimension der Sätze, die phantasievoll-eigenwilligen Abwandlungen der Form, die Textänderungen, den sinfonischen Stil, die differenziert eingesetzte Dynamik und manche melodische und harmonische Kühnheit.

Das traditionell dreiteilige Kyrie gibt sich knapp und konzentriert. Mit den Worten »Christe eleison« kommt es zum dramatischen Höhepunkt des Satzes: Mit der Bitte um Erbarmen wendet sich der Mensch an Jesus als Menschen.

Das normalerweise fünfteilige Gloria folgt einer anderen Form: Den zusammengehörenden Teilen I–III steht eine Fuge gegenüber. Beeindruckend ist der Mittelteil »Dominus Deus …«, in dem sich ein festes, »unbeirrbares« Bläserthema (Welt des Gesetzes) und zerrissene, bebende Streicherakkorde (Ungewissheit, Angst) gegenüberstehen. Die große Fuge »Cum Sancto Spiritu«, ein Meisterwerk kontrapunktischer Dichte, beschließt den Satz.

Im Mittelteil des Credo »Et incarnatus est« kommen erstmals die Solisten zu Wort. Der menschliche, d. h. ganz individuelle Gesang steigert sich ins Hymnische. Zweimal wechseln die Soli mit dem darauf folgenden Cruzifixus-Chor, dann, im dritten Teil, mündet das Ganze in eine weitere Fuge »Et vitam venturi saeculi«. Doch statt traditioneller Fugen-Fortführung gewinnt nun zunehmend ein schmerzliches, chromatisch absteigendes Vierton-Motiv an Bedeutung, das sich später, im »Et vitam …«, fortsetzt.

Der Beginn des Sanctus mit vibrierendem Streicher-Tremolo, harmonischen Kühnheiten und machtvollen Ausbrüchen umfängt den Zuhörer mit Gefühlen von Größe und Erhabenheit.

53   Ausschnitt der Messe Es-Dur in der Handschrift Franz
Schuberts

neuen Texte, die er möglicherweise von Schindler
bekommt, vielleicht aber auch bei den Leseabenden kennen lernt, lauten ›Liebesbotschaft‹, ›Kriegers Ahnung‹,
›Frühlingssehnsucht‹, ›Ständchen‹, ›Aufenthalt‹, ›In der
Ferne‹ und ›Abschied‹. Die im Frühjahr/Sommer entstandenen ›Heine-Lieder‹ sind dunkel und schwermütig;
sie atmen die romantische Tristesse der Heine-Dichtung.
Beide Gruppen werden durch ›Die Taubenpost‹ (Seidl)
ergänzt.

Darauf folgen das fugenförmig gearbeitete Osanna sowie später
das liedhafte Benedictus.
    Die Grundlage des Agnus Dei bildet ein imitatorisch geführ-
tes, das Kreuzzeichen darstellendes Vierton-Motiv C–H–Es–D.
In den Singstimmen und Bläsern fugatoartig fortgesetzt, kommt
es zur Verbindung mit einer expressiven Gegenstimme. Doch
der Satz, der eigentlich Frieden stiften soll, gerät im »Dona nobis
pacem« zur verzweifelten Klage.

Den Höhepunkt im Schubertschen Sonatenschaffen bilden zweifellos die im September geschriebenen Klaviersonaten c-Moll, A-Dur und B-Dur. Der Komponist setzt sich hier über alle Konventionen hinweg, was sich nicht

Heine-Lieder

Die Gedichte Heines lernt Schubert vermutlich Anfang 1828 bei den Leseabenden kennen, möglicherweise auch eher. Sie stammen aus dem Zyklus ›Heimkehr‹, der – nach dem 1. Teil der ›Reisebilder‹ (1826) – im ›Buch der Lieder‹ (1827) veröffentlicht wurde. Die Lyrik des jungen Dichters ist teils romantisch, teils von bitterer Satire geprägt. Bevorzugt ist das Thema enttäuschter Liebe, die bis zur Todessehnsucht führt. Dabei wird die ironisch-distanzierte Behandlung von Erlebnissen, Gefühlen usw. zum wesentlichsten Gestaltungsmittel. Schubert, der sich 1827/28 mit Heine beschäftigt, fühlt sich von den dunklen, schwermütigen Texten stark angezogen. Sechs davon kommen zur Auswahl; die Titel werden z. T. ergänzt. Diese Lieder, die zu seinen letzten Kompositionen gehören, passen hinsichtlich ihrer freien Form in kein Schema mehr. Neu ist auch die Art der Melodik, die Merkmale des Sprechgesangs aufweist (dramatischer Monolog).

›Der Atlas‹ schildert die Klagen des unglücklichen Titanensohns, der als Strafe für seine Auflehnung gegenüber Zeus »die ganze Welt der Schmerzen« trägt. Das Lied zeichnet sich wie viele Heine-Gesänge durch schmucklose Einfachheit und Direktheit des Ausdrucks aus. Die Harmonik ist mit ihren ungewöhnlichen Klangverbindungen ihrer Zeit weit voraus.

Im Lied ›Ihr Bild‹ wird die Vision der Geliebten zum Leben erweckt, bis hin zur bitteren Erkenntnis des Verlusts. Das Lied beginnt in düsterem b-Moll; in engen Intervallen wird der Zentralton b umkreist.

Scheinbar leicht und mit dem Charakter einer wiegenden Barkarole gibt sich ›Das Fischermädchen‹. Doch der »Gräberton« As-Dur und Ces-Dur führen in die Welt des Rätselhaften, Unheimlichen.

Schmerzlichen Verlust kennzeichnet auch ›Die Stadt‹, die der Ruderer »mit traurigem Takte« besingt. Die Geliebte, die dort nicht mehr wohnt, wirkt irreal, wie ein Nebelbild. Das auf- und niedergehende Arpeggio vergegenwärtigt den leichten Wellengang, der verminderte Dominantseptakkord verleiht dem Bild etwas Mystisches.

Das Lied ›Am Meer‹ assoziiert zunächst die idyllische Abendstimmung am Strande. Doch die liedhaft-schlichte Melodik trübt

nur in den Ausmaßen, sondern auch der eigenwilligen Motivwahl und dem harmonischen Reichtum zeigt. Besonders diese Schöpfungen verdeutlichen, dass Schubert keineswegs an den Tod dachte, sondern vielmehr an die Vervollkommnung der eigenen Meisterschaft. Die Werke sind dem Klaviervirtuosen Hummel gewidmet, wohl in der Hoffnung, dass dieser sie in einem Konzert zu Gehör brächte. Kurz nach ihrer Vollendung gelangen sie zu Probst, mit dem stolzen Vermerk, dass sie (von ihm) »an mehreren Orten mit viel Beifall gespielt« wurden. Doch der Verleger geht wie stets kein Risiko ein, und die Stücke werden erst später, 1839, von Diabelli gedruckt.

Zu den schönsten Kammermusik-Kompositionen gehört schließlich Schuberts Streichquintett C-Dur, das ebenfalls im September 1828 entsteht. Das Hauptmerkmal dieses tiefernsten Werkes, das »Abschied« und die Vision eines »besseren Jenseits« vermittelt, sind die ausgedehnten, »schwebenden« Melodien, die dem Ganzen geradezu sinfonische Dimensionen verleihen. Das Quintett ist mit zwei Violoncelli besetzt, wodurch der dunklere, zugleich farbigere Klang (Nutzung aller Lagen!) zustande kommt. Die Uraufführung findet erst 1850 mit dem Hellmesberger-Quartett und Josef Stransky (Violoncello) statt. Das Werk wird von Anton Spina, Diabellis Nachfolger, publiziert.

Das Ende

Im Spätsommer fühlt sich Schubert wieder unwohl. Kopfschmerzen, Schwindelgefühl und Blutstürze plagen ihn. Dem Rat seines Arztes folgend, zieht er Anfang September zu Ferdinand, der vor den Toren der Stadt in bes-

sich bald nach c-Moll ein und führt in die düstere Wirklichkeit zurück: »Die Seele stirbt vor Sehnen«.

Zu Schuberts unheimlichsten Kompositionen gehört schließlich ›Der Doppelgänger‹ – die Vorstellung des Liebenden, der sich selbst zu nächtlicher Stunde vor dem Hause der verlorenen Geliebten sieht. Das Lied ist als Sprechgesang über einem ständig wiederkehrenden, symbolhaltigen Vierton-Motiv gestaltet, unterbrochen von Pausen lähmenden Entsetzens.

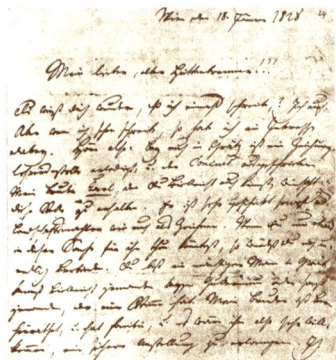

54   Brief von Schubert an Anselm Hüttenbrenner vom 18. Januar 1828

serer Luft wohnt. Doch die Räumlichkeiten sind feucht, und die sanitären Anlagen in miserablem Zustand. Der Arzt rät zu Bewegung. Stundenlang ist er nun unterwegs und kommt müde, zerschlagen nach Hause zurück.

Anfang Oktober unternehmen die Brüder einen dreitägigen Ausflug nach dem nahe gelegenen Eisenstadt. Sie besuchen das Grab Joseph Haydns in der Bergkirche. Als er wieder in Wien ist, findet Schubert ein Schreiben Schindlers vor. Der Beethoven-Sekretär, der seit einiger Zeit in Pest wohnt, macht ihm den Vorschlag, er solle dort ein Konzert geben, mit demselben Erfolg wie im März. Schubert kann sich zu einer Antwort nicht aufraffen.

Als man dann am 31. Oktober ein Abendessen im Wirtshaus zu sich nimmt, kommt es zu einem Zwischenfall: »Da er … einen Fisch speisen wollte«, so Ferdinand, »warf er, nachdem er das erste Stückchen gegessen, plötzlich Messer und Gabel auf den Teller und gab vor, es ekele ihn gewaltig vor diesem Fische … Von diesem Augenblicke an hat Schubert fast nichts mehr gegessen noch getrunken …« Doch Schubert ignoriert das Ganze. Trotz der zunehmenden Abgeschlagenheit setzt er die Spazier-

Anton Schindler (1795 od. 1798–1864), Violinist, Dirigent und Musikschriftsteller, wirkte von 1822 bis 1826 als Konzertmeister am Josephstädter Theater Wien. Zwischen 1822 und 1824 sowie 1827 war er Beethovens Sekretär, später schrieb er die erste Beethoven-Biografie. Schindlers Schriften und Aussagen über Beethoven basieren auf manchen Irrtümern, Falschbehauptungen und ästhetischen Fehleinschätzungen. Auch seine Aufzeichnungen über Schubert trugen häufig zur Legendenbildung bei.

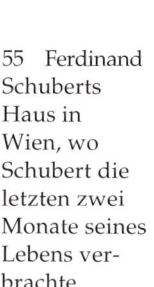

55 Ferdinand Schuberts Haus in Wien, wo Schubert die letzten zwei Monate seines Lebens verbrachte

Die letzten Klaviersonaten
Schuberts letzte Gruppe von Klaviersonaten – in c-Moll, A-Dur und B-Dur – bilden den Höhepunkt im Sonatenschaffen des Komponisten. Hier dominiert versöhnliche Milde, wenn auch Trauer und Schmerz, z.B. in den langsamen Sätzen, mitunter durchklingen. Noch einmal fasziniert die für Schubert typische melodisch-harmonische Fülle, einschließlich Chromatik und Modulationen bzw. Rückungen in ferne Tonarten. Wie in den späten Sinfonien ist auch hier die formale Weitung, z.B. durch Themenvarianten und Episodenbildung, typisch. Auffällig ist zudem der Gedanke des Zyklischen, d.h. die gedankliche Verbindung der Sätze durch Wiederaufnahme musikalischer Themen.
Schuberts Klaviersonate B-Dur, die letzte, gehört zu den berühmtesten Klavierkompositionen überhaupt – vergleichbar der Beethovensonate in c-Moll op. 111. Der erste Satz mit seinem wundervoll kantablen Hauptthema ist von geradezu epischer Breite. Dem entspricht die stark geweitete Sonatenhauptsatzform mit verschiedensten Themenfortspinnungen, –varianten und –neubildungen, freien harmonischen Flächen u.a. Der langsame zweite Satz in dreiteiliger Liedform gehört in seiner Tieftraurigkeit zum Bedeutendsten Schubertscher Musik. Im Kontrast dazu steht das anmutig schwebende Scherzo mit einem Trio-Mittelteil in Moll. Das Rondo-Finale gibt sich vorerst unbeschwert: Dem vital-musizierfreudigen Hauptthema stehen kraftvolle und zarte Episoden gegenüber, doch auch hier kommt es zu tonalen Irritationen und rhythmischen Stockungen bis hin zu gewaltsamen Ausbrüchen.

gänge fort, zwei Stunden und länger. Daheim am Schreibtisch ist er mit Korrekturarbeiten am 2. Teil der ›Winterreise‹ befasst. Nun geht sie zum Druck und soll Anfang 1829 erscheinen. Am 3. November frühmorgens schleppt sich Schubert zu einem nahe gelegenen Vorort, um das von Ferdinand komponierte Requiem zu hören. Am 8. oder 9. folgt er einer Einladung des Barons Schönstein – die letzte Zusammenkunft im geselligen Kreis, wo er heiter und ausgelassen wirkt.

Merkwürdig ist der Entschluss Schuberts, sich in diesem Zustand zum »Studium der Fuge« bei dem Komponisten und Pädagogen Simon Sechter anzumelden. Die erste Unterrichtsstunde findet tatsächlich am 4. November statt, zusammen mit einem Violinisten aus Salzburg. Bereits 1824 hatte Schubert diesen Plan gehegt, denn er war der Ansicht, dieser »Nachhilfe« zu bedürfen. Den Anstoß dazu gab die Bekanntschaft mit dem Vokalwerk Händels, dessen Partituren er 1827 fasziniert studiert hatte. Anselm Hüttenbrenner berichtet dazu: »Ebenso wie Beethovens Musik bewunderte er Händels Riesengeist und spielte … mit großer Begierde dessen Oratorien und Opern aus der Partitur.« Doch nur kurz danach, um den 11. November, sind seine Widerstandskräfte gebrochen. Schubert muss das Bett hüten; Ferdinand und seine Familie pflegen ihn. Die Ärzte diagnostizieren »Nervenfieber«, und auch von Typhus ist die Rede. Um den 12. schreibt Schubert an Schober seinen letzten Brief:

Zehn Tage ungefähr vor seinem Tode soupierte Schubert nebst mehreren anderen Freunden bei mir. Er war sehr heiter, ja ausgelassen lustig … Den erwähnten Fisch, welcher ihm Ekel und das Gefühl, als hätte er Gift genommen, verursacht habe, … hatte er … mehrere Abende vorher genossen; das Gift scheint aber nicht nachteilig gewirkt zu haben, denn er war an jenem Abend bei mir vollkommen wohl und, wie gesagt, ungemein lustig …

Aus den Aufzeichnungen des Freiherrn von Schönstein, Januar 1857, in: ›Schubert. Die Erinnerungen seiner Freunde‹, hg. von Otto Erich Deutsch, Wiesbaden 1983

»Lieber Schober! Ich bin krank. Ich habe schon 11 Tage nichts gegessen u. nichts getrunken u. wandle matt und schwankend von Sessel zu Bett u. zurück. Rinna behandelt mich. Wenn ich auch was genieße, so muß ich es gleich wieder von mir geben.«

Schubert bittet den Freund, ihn mit seiner derzeitigen Lieblingslektüre zu versehen: James Coopers »Lederstrumpf«-Romane. Doch Schober, der fürchtet, sich anzustecken, lässt auf sich warten.

Inzwischen hat sich herumgesprochen, dass Schubert krank ist. Sein Freund Lachner, der aus dem ungarischen Pest zurückkehrt, findet den Patienten fiebernd, »in einem schlecht heizbaren Zimmer, an dessen Wänden die Feuchtigkeit herabtroff!« Schuberts Galgenhumor: »Ich liege so schwer da, ich meine, ich falle durch das Bett.« Doch dann wird er munter, spricht mit Lachner über dessen Opernerfolge und Zukunftspläne. Spaun und Bauernfeld besuchen den Kranken ebenfalls. Bauernfeld kommt ein letztes Mal am 17. November. Der Zustand Schuberts hat sich verschlechtert. Der Kranke klagt jetzt über Hitze, ist bedrückt. Gegen Abend kommen die Fieberphantasien.

Am 18. und 19. November wird Schubert von seiner kleinen, 13jährigen Stiefschwester Josepha versorgt. Nun häufen sich die Delirien. Der Kranke wähnt sich in einem fremden Zimmer, will das Bett verlassen. Ferdinand, Josepha und ein Pfleger versuchen, ihn zu halten, zu beschwichtigen. »Nein, ist nicht wahr!«, erklärt er, »hier liegt Beethoven nicht.« Am Nachmittag kommt noch einmal der Arzt. Mit der Hand die Wand berührend, spricht er langsam, mit Ernst: »Hier, hier ist mein Ende!«

Auch **Franz Lachner** (1803 – 1890), seit 1823 Organist an der protestantischen Kirche Wiens und später Kapellmeister am Kärntnertortheater, gehörte zu Schuberts Freundeskreis. Er zählte zu den wenigen, die sich v. a. für das Instrumentalwerk des Komponisten interessierten.

Berichten zufolge wurden bei ihm das Streichquartett d-Moll ›Der Tod und das Mädchen‹, das Oktett D 803, die f-Moll-Fantasie u. a. Stücke erstmals aufgeführt.

Tags darauf, am 19. November gegen 15 Uhr, stirbt er.

Danach

Die Ursachen von Schuberts frühen Tod konnten lange Zeit nicht hinreichend geklärt werden. Das im Totenprotokoll festgehaltene »Nervenfieber« lässt jedoch darauf schließen, dass er schon zuvor an Bauchtyphus infolge einer Salmonellenvergiftung erkrankt sein musste. Fest steht, dass das Ende nicht (direkt) auf die Folgen der venerischen Krankheit zurückzuführen ist, aber ein Zusammenhang besteht dennoch, da sein Immunsystem durch die Quecksilberbehandlung derart geschwächt war, dass die Verabreichungen in den letzten Krankheitswochen nicht mehr zu verkraften waren. Das angeschlagene Immunsystem Schuberts könnte zudem die oft umstrittenen »Todesahnungen« des Komponisten erklären. Möglicherweise sind gerade sie die Hauptursache für die schöpferischen Höchstleistungen der letzten Jahre.

Schuberts Familie und seine Freunde, die den Tod nicht erwartet hatten, trifft die Nachricht wie ein Schock. Bauernfeld schreibt dazu: »Die ehrlichste Seele, der treueste Freund! Ich wollte, ich läge statt seiner. Er geht doch mit Ruhm von der Erde!« Auch Schwind klagt aus dem fernen München: »Schubert ist tot und mit ihm das Heiterste und Schönste, das wir hatten …«

Bereits am 20.11. gibt Schuberts Vater den Tod des Sohns der Öffentlichkeit bekannt. Der Leichnam wird in

56 Die Bekanntgabe von Schuberts Tod durch seinen Vater am 20. November 1828

Lieber, guter Schober. Ich habe gestern den Brief bekommen, wo mir die Netti schreibt, daß Schubert gestorben ist. Du weißt, wie ich ihn liebte, Du kannst Dir auch denken, wie ich dem Gedanken kaum gewachsen

das Gewand des Einsiedlers gekleidet, mit einem Lorbeerkranz um die Schläfen. Tags darauf, am 21.11., tragen junge Männer den Sarg zur Pfarrkirche auf der Wieden, wo die Einsegnung stattfindet. Bei schlechtem Wetter setzt sich der Zug mit zahlreichen Trauernden in Richtung Währing in Bewegung. Dank Ferdinand, der den Vater zur Beteiligung an Mehrkosten gewinnt, kann Schubert auf dem dortigen Friedhof in unmittelbarer Nähe Beethovens bestattet werden. Eine offizielle Trauerfeier findet am 23. Dezember in der Augustinerkirche statt. 1888, ein halbes Jahrhundert später, werden die sterblichen Überreste Schuberts in den Ehrenhain des Wiener Zentralfriedhofs überführt.

Der Tod des Komponisten wird mit mehreren Nachrufen bedacht. Die erste Anzeige erscheint am 25.11. in der ›Modenzeitung‹, daraufhin in der ›Wiener Allgemeinen Theaterzeitung‹ mit einer kurzen Lebensbeschreibung. Bedeutendere Würdigungen folgen 1829 von Leopold Sonnleithner und Mayrhofer, später von Spaun und Bauernfeld.

Die Inschrift Grillparzers auf Schuberts Grabstätte »Die Tonkunst begrub hier einen reichen Besitz, aber noch viel schönere Hoffnungen« ist mehrfach angegriffen worden. Der Grabspruch, meinte man, betone zu sehr das »Unvollendete« seines Schaffens. Wie andere Zeitgenossen ist sich auch Grillparzer des Umfangs der Hinterlassenschaft nicht bewusst, geschweige denn ihrer Einzigartigkeit. Auch die im ›Neuen Wiener Journal‹ (1829) vertretene Ansicht, Schubert sei »als ein fast Unbekannter gestorben«, ist irrig. Die zahlreichen Dokumente vermitteln ein

war, ihn verloren zu haben … Ich habe um ihn geweint, wie um einen meiner Brüder, jetzt aber gönn' ich ihm's, daß er in seiner Größe gestorben ist und seines Kummers los ist. Je mehr ich es jetzt einsehe, was er war, je mehr sehe ich ein, was er gelitten hat … Die Erinnerung an ihn wird mit uns sein und alle Beschwerden der Welt werden uns nicht hindern, in Augenblicken ganz zu fühlen, was nun ganz verschwunden ist.
Brief Moritz von Schwinds an Franz von Schober, 25. November 1828

ganz anderes Bild: das eines erfolgreichen Komponisten. Überliefert sind fast 200 Berichte über Aufführungen, in denen Schuberts Stücke gespielt wurden, 155 Anzeigen über Neuerscheinungen und 147 Konzertankündigungen mit seinem Namen. Bereits im Jahr 1819 macht sich Schubert in Privatkreisen bekannt. Kurz darauf kommen seine Werke in den »musikalischen Abendunterhaltungen« der »Gesellschaft der Musikfreunde« zu Gehör. Dazu kommen rund 70 öffentliche Uraufführungen von Liedern, Vokalquartetten, Kirchenwerken, Kammermusik, Ouvertüren und Opern. Zahlreiche Werke entstehen im Auftrag, z. B. die Kantate ›Prometheus‹ (1816), die ›Wandererfantasie‹ (1822), die Schauspielmusik zu ›Rosamunde‹ (1823) sowie Opern. In Zeitungen und Zeitschriften findet man weit über die Heimatstadt des Komponisten hinaus Würdigungen, in denen von »genialen Meisterwerken«, vom »Charakter des Genies und des denkenden Künstlers …«, »bewunderungswürdiger Genialität« u. a. die Rede ist. Nach 1825 nimmt auch das Interesse der Verlage zu, das sich nach seinem Tod sprunghaft steigert. Bereits zu Lebzeiten werden über 100 Werke gedruckt, insbesondere Lieder, Tänze, Klaviersonaten und Klaviermusik zu vier Händen. Schubert wird zum Mitglied der »Gesellschaft der Musikfreunde« gewählt, dazu kommen Ehrungen durch Musikvereine in Linz und Graz.

Der musikalische Nachlass Schuberts ist beträchtlich. Zahlreiche Manuskripte befinden sich bei Schober, im Schulhaus des Vaters, bei Ferdinand, bei Freunden in Linz und Graz, auch bei Anna Fröhlich, Caroline Ester-

Errichtung eines Monuments
Um den Wünschen vieler Freunde, Verehrer und Bewunderer des zu früh verblichenen Tondichters Franz Schubert nachzukommen, welche dem Unersetzlichen auch im Tode einen ehrenden Beweis ihrer Liebe und Verehrung darbringen wollen, werden zu einem Monumente für den Hingeschiedenen … Beiträge in der Gesellschafts-Kanzlei der Musikfreunde des österr. Kaiserstaates … sowie in sämtlichen Kunst- und Musikalienhandlungen der Residenz-

57 Der Währinger Friedhof in Wien. Stahlstich

házy und andernorts. Ferdinand wird zum Nachlassver-
walter bestimmt und beginnt, das verstreute Werk zu-
sammenzutragen. Vieles – darunter Klavierwerke, Kammermusik und Lieder – geht 1828/29 an die Verlage
Haslinger, Diabelli und Czerny. 1835 und später bietet
Ferdinand größere Werke – Opern, Sinfonien und Messen – zum Druck an, vermag davon jedoch nur weniges
zu veräußern. Auch Robert Schumann erfährt davon und
kann den Verlag Breitkopf & Härtel in Leipzig zum
Druck der ›Großen C-Dur-Sinfonie‹ gewinnen (1839). Die
noch ausstehenden Bestände gehen nach Ferdinands Tod
(1859) über Weiterverwaltung und Aufkauf im Jahr 1900
an die Wiener Stadt- und Landesbibliothek und die »Gesellschaft der Musikfreunde«.

stadt Wien und den Provin-
zial-Hauptstädten angenommen …
Aus der ›Wiener Allgemeinen
Theaterzeitung‹,
20. Dezember 1828

Zeittafel

1797 Franz Peter Schubert wird am
31. Januar in Wien-Lichtental als
12. Kind geboren. Sein Vater,
Franz Theodor, ist Schullehrer
im Himmelpfortgrund, einer
Wiener Vorstadt

1801 Vater Schubert erwirbt das Haus
Säulengasse 9 »Zum schwarzen
Rössel«. Im Erdgeschoss entstehen Klassenräume, die Familie
bewohnt das Obergeschoss

1802 Aufnahme in die väterliche
Schule

1804 Musikalische Prüfung bei
Antonio Salieri im Hinblick
auf eine mögliche Aufnahme
als Hofsängerknabe

1808 Aufnahme in das Wiener Stadtkonvikt: Schubert wird Schüler
des Akademischen Gymnasiums
und Hofsängerknabe

1809 13. Mai: Einmarsch französischer
Truppen in Wien; Beschädigung
des Konvikts

1810 Schuberts erste (datierte) Komposition: Fantasie in G-Dur für
Klavier zu vier Händen D 1

1811 Generalbasslehre bei Wenzel
Ruzicka. Erste erhaltene Lied-
komposition ›Hagars Klage‹

1812 Schuberts Mutter stirbt. Beginn
des Unterrichts bei dem Hofkapellmeister Antonio Salieri.
Stimmwechsel und Ausscheiden
aus der Hofkapelle

1813 Zweite Eheschließung des Vaters
mit Anna Kleyenböck. Schubert
verlässt vorzeitig, d. h. ohne
Abschluss das Konvikt. Vollendung der ersten Sinfonie. Beginn
einer Ausbildung an der Lehrerbildungsanstalt der k. k. Normal-
Hauptschule Sankt Anna

1814 Schubert wird – nach bestande-
ner Prüfung – Schulgehilfe an
der Schule seines Vaters. Komposition und Aufführung der
ersten Messe F-Dur an der Pfarrkirche Lichtental. Beginn der
Liebe zu Therese Grob. Beginn
der 1. Liedperiode mit ›Gretchen
am Spinnrade‹. Bekanntschaft
mit Johann Mayrhofer

1815 Komposition von weit über
100 Liedern (darunter ›Erlkönig‹,
›Heidenröslein‹), drei frühen
Bühnenwerken, der 2. und
3. Sinfonie, der Messe G-Dur
u. a. Freundschaft mit Franz
von Schober

1816 Bewerbung um die Stelle
des Musiklehrers in Laibach
(Ljubljana), doch erfolglos.
Sendung eines Liederhefts an
Goethe mit der Bitte um Wid-
mung. ›Prometheus-Kantate‹.
Vollendung der 4. und 5. Sinfonie. Weitere Lieder, darunter
›Der Wanderer‹, ›An Schwager
Kronos‹ u. a. Herbst: Flucht aus
dem Schuldienst und Quartier-
bezug bei Schober (bis Sommer
1817)

1817 Wiederaufnahme des Schuldiens-
tes im Herbst. Schubert lernt
den Sänger Johann Michael Vogl
kennen. Arbeit an der 6. Sinfonie:
Ouvertüren im italienischen Stil
D-Dur D 590 und C-Dur D 591;
frühe Klaviersonaten; Lieder,
darunter ›Die Forelle‹, ›Der Tod
und das Mädchen‹ u. a.

1818 Umzug der Familie Schubert in
die Wiener Vorstadt Rossau;
neue Schule. Schubert quittiert
den Schuldienst endgültig. Erste
öffentliche Aufführung einer
Ouvertüre im italienischen Stil.
Sommeraufenthalt als Musiklehrer beim Grafen Esterházy in
Zseliz. Beginn der Wohngemeinschaft mit Mayrhofer. Vollendung
der 6. Sinfonie

1819 Erste Aufführungen (v. a. von
Liedern) im Hause des Musikliebhabers Ignaz von Sonnleithner; in den Folgejahren wächst
die Anzahl ›halböffentlicher‹
Konzerte zunehmend. Hinzu
kommt die regelmäßige Präsenz

in den ›Abendunterhaltungen‹ der »Gesellschaft der Musikfreunde«. Reise mit Vogl in den Sommermonaten nach Oberösterreich. Vollendung des Singspiels ›Die Zwillingsbrüder‹

1820 Jahr der Opernerfolge: Aufführung der ›Zwillingsbrüder‹ am Kärntnertortheater sowie des Zauberspiels ›Die Zauberharfe‹ am Theater an der Wien. Verstärkte Bemühung um die Herausarbeitung des persönlichen Stils; Fragmente, darunter das religiöse Drama ›Lazarus‹, der Quartettsatz c-Moll u. a.

1821 Trennung von Mayrhofer; Schubert wohnt zum ersten Mal allein. Konzert im Kärntnertortheater, in dem der ›Erlkönig‹ und ›Gesang der Geister über den Wassern‹ erstmals öffentlich aufgeführt werden. Der ›Erlkönig‹ u. a. Lieder erscheinen im Verlag Cappi & Diabelli in Kommission. Erste Schubertiade. Fahrten nach Atzenbrugg, Sankt Pölten und Schloss Ochsenburg, wo die Oper ›Alfonso und Estrella‹ entsteht. Vorübergehendes Wirken als Korrepetitor am Kärntnertortheater

1822 Vollendung der Oper ›Alfonso und Estrella‹. Fertigstellung mehrerer Meisterwerke, darunter der ›Unvollendeten‹, der As-Dur-Messe und der Wandererfantasie. Erste ausführliche Würdigung Schubertscher Lieder in der ›Wiener Zeitschrift für Kunst, Literatur, Theater und Mode‹. Vorübergehendes Wohnen beim Vater, auch zwischen Oktober 1824 und Februar 1825

1823 Schubert wird zum Ehrenmitglied der Musikvereine in Linz und Graz ernannt. Komposition des Singspiels ›Die Verschworenen‹ und der Oper ›Fierrabras‹; zur Aufführung kommt es nicht. Uraufführung von ›Rosamunde‹ am Theater an der Wien. Liederzyklus ›Die schöne Müllerin‹. Bereits im Januar/Februar Beginn der schweren syphilitischen Erkrankung; im September/Oktober Aufenthalt im Allgemeinen Krankenhaus

1824 Abklingen des akuten Stadiums der Krankheit. Mai bis Oktober: zweiter Aufenthalt in Zseliz; Neigung zu seiner Schülerin Caroline Esterházy. Streichquartette a-Moll D 804/d-Moll ›Der Tod und das Mädchen‹ D 810; Oktett D 803; Grand Duo für Klavier zu vier Händen D 812. Veröffentlichung des Zyklus ›Die schöne Müllerin‹

1825 Schuberts Wahl zum Mitglied (Ersatz) des Repräsentantenkörpers der »Gesellschaft der Musikfreunde«. Beginn der »Großen C-Dur-Sinfonie«; Vollendung der Klaviersonaten D 845 und D 850; Sieben Gesänge aus Walter Scotts ›Fräulein vom See‹. Fünfmonatiger Sommeraufenthalt mit Vogl in Oberösterreich: Steyr, Linz, Kremsmünster, Gmunden, Salzburg, Gastein

1826 Schubert bewirbt sich vergeblich um die Position des Vize-Hofkapellmeisters in Wien. Vollendung der »Großen C-Dur-Sinfonie«, Übergabe der Partitur an die »Gesellschaft der Musikfreunde«. Weitere Lieder nach Goethe, darunter die Gesänge aus ›Wilhelm Meister‹, Streichquartett G-Dur D 887, Klaviersonate G-Dur D 894. Die Musikverleger Breitkopf & Härtel, Probst und Nägeli zeigen sich interessiert, bleiben aber zurückhaltend

1827 Schubert wird zum (»wirklichen«) Mitglied des Repräsentantenkörpers der »Gesellschaft der Musikfreunde« nominiert. Beethovens Tod; Schubert als Fackelträger bei der Beerdigung. Komposition der ›Winterreise‹, der beiden Klaviertrios, der Fantasie für Violine und Klavier C-Dur, der Impromtus (Serien D 899/D 935), der Moments musicaux u. a. Letzte Sommerreise, diesmal nach Graz. Arbeit an der Oper ›Der Graf von Gleichen‹. Erstaufführung des Oktetts D 803 sowie des Klaviertrios B-Dur

1828 Deutsche Verleger bitten Schubert um Zusendung von Kompositionen. März: erstes Privatkonzert mit ausschließlich eigenen Werken; großer Erfolg.

Messe Es-Dur, Rellstab-/Heinelieder, Klaviersonaten c-Moll, A-Dur, B-Dur D 958-960, Streichquintett G-Dur. September: Übersiedlung zum Bruder Ferdinand. November: Typhuserkrankung und Tod am 19.11. Beerdigung am 21.11., offizielle Totenfeier am 23.12. in der Augustinerkirche

Literaturhinweise

Werkausgaben

Max Friedlaender: Schubert Album I–VII. Leipzig 1872 ff.
Kritsch revidierte Ausgabe mit dem Ziel, die Original-Lesart wiederherzustellen. Dabei spielen Fragen der Interpretation eine primäre Rolle

Franz Schubert's Werke. Kritisch durchgesehene Gesamtausgabe. Leipzig 1884–1897 (=Alte Gesamtausgabe AGA)
Erste große Gesamtausgabe, wegweisend für alle folgenden Projekte

Internationale Schubert-Gesellschaft (Hg.): Franz Schubert. Neue Ausgabe sämtlicher Werke. Kassel 1967 ff. (=Neue Gesamtausgabe NGA)
Vorbildliche, sowohl der Forschung als auch der musikalischen Praxis dienende Gesamtausgabe, in der viele »wieder entdeckte« Werke Aufnahme fanden. Umfasst acht nach Gattungen unterteilte Serien, die in sich chronologisch gegliedert sind. Jeder Band enthält nach dem Notenteil einen Abschnitt ›Quellen und Lesarten‹; Bestandteil der NGA sind ebenfalls kritische Berichte

Verzeichnisse

Otto Erich Deutsch: Schubert. Thematic Catalogue of all his Works in Chronological Order. In Collaboration with Donald R. Wakeling, London 1951

Umfassendes Verzeichnis der Werke Schuberts; solides Standardwerk in englischer Sprache

Ders.: Franz Schubert. Thematisches Verzeichnis seiner Werke in chronologischer Folge. Neuausgabe in deutscher Sprache. Hg. von der Editionsleitung der Neuen Schubert Ausgabe und Werner Aderhold. Kassel 1978
Akribisch gearbeitetes, auf hohem Niveau stehendes Nachschlagewerk, das grundlegende Orientierungshilfe für Schuberts Schaffen bietet

Ernst Hilmar: Verzeichnis der Schubert-Handschriften in der Musiksammlung der Wiener Stadt- und Landesbibliothek (=Catalogus musicus VIII). Kassel 1978
Verzeichnis aller bis zum Schubertjahr 1978 in der Wiener Stadt- und Landesbibliothek gesammelten Schubert-Handschriften mit Anmerkungen, untergliedert nach Gattungen. Der Katalog enthält auch ein Kapitel ›Abbildungen der Wasserzeichen‹

Dokumente

Otto Erich Deutsch (Hg.): Franz Schubert. Sein Leben in Bildern, in: Franz Schubert. Die Dokumente seines Lebens und Schaffens, Bd. 3. München/Leipzig 1913
Bilddokumente zur Lebensgeschichte Franz Schuberts, darunter v. a. Bilder von Wohnstätten, Zeitgenossen

Ders. (Hg.): Franz Schuberts Briefe und Schriften. 4. vermehrte und erläuterte Ausgabe. Wien 1954
Der Band enthält sämtliche bis zum Erscheinungsjahr bekannt gewordenen Schubertbriefe, darüber hinaus auch die an ihn gerichteten Briefe. Hinzu kommen Erläuterungen und Register

Ders: Schubert: Die Dokumente seines Lebens. (= Franz Schubert. Neue Ausgabe sämtlicher Werke VIII: Supplement, Bd. 5), Leipzig 1964
Der umfangreiche Band umfasst in chronologischer Folge die handschriftlichen und (zu Lebzeiten) gedruckten Dokumente des Komponisten. Hierzu gehören v. a. Briefe, zwei fragmentarische Tagebücher, Widmungen, Notizen, Brief- und Tagebuchstellen über ihn, Familiendokumente, Zeugnisse, Programme, Ankündigungen, Kritiken u. v. m. Die Dokumente sind jeweils mit einem Kommentar verbunden

Ders.(Hg.): Schubert. Die Erinnerungen seiner Freunde. Leipzig 1966
Umfassende Dokumentensammlung, die ein farbiges Bild vom Leben und Charakter des Komponisten vermittelt. Ein Briefwechsel über die hinterlassenen Werke ergänzt den Band

Walburga Litschauer (Hg.): Neue Dokumente zum Schubert-Kreis (Bd. 1). Aus Briefen und Tagebüchern seiner Freunde. Wien 1986
Bei diesen Dokumenten handelt es sich um die Korrespondenz Ferdinand Mayerhofers von Grünbühel, der dem Schubertschen Freundeskreis nahe stand. Briefe Eduard von Bauernfelds und Moritz von Schwinds dokumentieren den Kreis, darüber hinaus interessieren zahlreiche Bemerkungen zur Politik, zum Kulturleben sowie Schilderungen des Alltags

Hans Rutz (Hg.): Franz Schubert. Dokumente seines Lebens und Schaffens. Auswahl und verbindender Text. München 1952
Kleine, nach Themenkreisen geordnete Dokumentenauswahl

Till Gerrit Waidelich (Hg.): Franz Schubert. Dokumente 1817–1830. 1. Bd., Texte, in: Veröffentlichungen des Internationalen Franz Schubert Instituts, Bd. 10, Teilband 1. Tutzing 1993
Erster Band einer Neuausgabe der Schubert-Dokumente (gedruckte Texte, darunter Programme, Rezensionen, Anzeigen, Nekrologe, Musikbeilagen u. a.). Drei weitere Bände sollen folgen

Lexika, Nachschlagewerke

Walther Dürr / Arnold Feil / Walburga Litschauer: Reclams Musikführer Franz Schubert. Stuttgart 1991
Umfangreicher, aktueller Konzertführer, der – untergliedert nach Gattungen – die Besprechungen der wichtigsten Werke des Komponisten enthält

Walther Dürr / Andreas Krause (Hg.): Schubert Handbuch. Kassel / Stuttgart und Weimar 1997
Kompaktes, umfassendes Nachschlagewerk. Den Kapiteln ›Schubert in seiner Welt‹, ›Kompositionsverfahren‹ und ›Rezeption des Schubertschen Werkes‹ folgen Abhandlungen über die Werkgattungen sowie Besprechungen der wichtigsten Werke

Ernst Hilmar / Margret Jestremski (Hg.): Schubert-Lexikon. Graz 1997
Akribisch gearbeitetes, auf hohem Niveau stehendes Lexikon mit mehr als 800 Stichwörtern in alphabetischer Anordnung. Erfasst wurden »die Persönlichkeit und Bildung des Komponisten, Freunde, Dichter, Maler, Ikonographie, Verleger, Interpreten … wie das Werk, die verschiedenen Gattungen, Fassungen, Harmonik, Form, Einflüsse, Kompositionsprozeß, Instrumentation, Bearbeitungen, Aufführungspraxis …« (Vorwort) u. v. a.

Gesamtdarstellungen von Leben und Werk

Ältere Abhandlungen (chronologisch)

Heinrich Kreißle von Hellborn: Franz Schubert. Wien 1865

Umfangreiche, auf Zeugnissen von Zeitgenossen basierende Biografie, die die Schubert-Rezeption stark beeinflusste. Zu würdigen ist der erstmalige Versuch, Schubert vom Image des bloßen Liederkomponisten zu befreien

Walter Dahms: Schubert. Berlin 1912
Fundierte, auf Dokumenten von Alois Fellner fußende Biografie, die erstmals auch einen Bildteil enthält

Bernhard Paumgartner: Franz Schubert. Zürich 1943
Spannend zu lesende Biografie, die, ausgehend von den historischen Bedingungen, ein facettenreiches Bild über Leben und Charakter des Komponisten vermittelt. In den Schlusskapiteln gibt der Autor noch eine kurze Einschätzung des Werks

Alfred Einstein: Schubert. Ein musikalisches Porträt. Zürich 1952
Klassische Musikerbiografie, in deren Zentrum das kompositorische Werk steht

Walther Vetter: Der Klassiker Schubert. Leipzig 1953
Zweibändige Biografie, die Schuberts Verhältnis zur Klassik in den Mittelpunkt stellt, das gesellschaftliche Umfeld hervorhebt und die Nähe des Komponisten zum Volkslied betont. Der Versuch des Autors, Schubert in die Reihe der Klassiker zu stellen, wird bis heute kritisiert

Harry Goldschmidt: Franz Schubert. Ein Lebensbild. Berlin 1954
Umfassende Biografie, in der die gesellschaftlichen Verhältnisse, welche den Komponisten umgaben, stärkeres Gewicht erhalten

Paul Mies: Franz Schubert. Leipzig 1954
Knapp gefasste Biografie mit Einbeziehung vieler Zitate von Zeitgenossen. Kapitel über Schuberts Stellung in der Musik, das Verhältnis zu den Verlegern u. a. ergänzen den Band

Fritz Hug: Franz Schubert. Leben und Werk eines Frühvollendeten. Frankfurt a. M. 1958
Umfassende, im erzählerischen Ton gehaltene Biografie, in der Leben und Werk des Komponisten im großen Zusammenhang dargestellt werden. Betrachtungen über Umfeld, Freun-

deskreis und musikalische Einflüsse vervollständigen das Ganze

Neuere biografische Abhandlungen

Werner Bodendorff: Wer war Franz Schubert? Augsburg 1997

Maurice Brown: Schubert. Eine kritische Biographie. Wiesbaden 1969

Friedrich Dieckmann: Franz Schubert: eine Annäherung. Frankfurt a. M. 1996

Hans J. Fröhlich: Schubert. München 1978

Peter Gülke: Franz Schubert und seine Zeit. Laaber 1991

Ernst Hilmar: Franz Schubert. Reinbek 1997

Ders.: Franz Schubert in seiner Zeit. Wien 1985

Ernst Krenek: Franz Schubert. Ein Porträt. Tutzing 1990

Wolfgang Marggraf: Franz Schubert. Leipzig 1978

Brigitte Massin: Franz Schubert. Paris 1977

Horst Osterheld: Franz Schubert. Schicksal und Persönlichkeit. Essen 1982

John Reed: Schubert. London 1987

Manfred Wagner: Franz Schubert. Sein Werk – sein Leben. Wien 1996

Bildbände/Publikationen mit Schwerpunkt auf dem Bildteil

Ernst Hilmar: Schubert. Graz 1989

Walther Vetter: Franz Schubert. Laaber 1980

Joseph Wechsberg: Schubert. Sein Leben. Sein Werk. Seine Zeit. München 1978

(siehe auch unter ›Dokumente‹: Otto Erich Deutsch [Hg.]: Franz Schubert. Sein Leben in Bildern …)

Weitere Darstellungen

Eva Badura-Skoda (Hg.): Schubert und seine Freunde. Wien usw. 1999

Otto Biba: Franz Schubert und die Gesellschaft der Musikfreunde in Wien. In: Kongreßbericht 1978, S. 23–36

Werner Bodendorff: Schuberts Frauenbild. Augsburg 1996

Otto Brusatti (Hg.): Schubert-Kongreß Wien 1978. Bericht. Graz 1979

Jurij N. Chochlow: Über Schuberts letzte
Schaffensphase. Moskau 1968
Carl Dahlhaus: Romantik und Bieder-
meier. Zur musikgeschichtlichen
Charakteristik der Restaurations-
zeit. In: Archiv für Musikwissen-
schaft 31 (1974), S. 22–41
Hilde Fischbach-Stojan: Franz Schubert.
Sein Weg in die Öffentlichkeit.
Dissertation. Innsbruck 1948
Hermann Franz Franken/Erika Fran-
ken: Der kranke Schubert. Stutt-
gart 1959
Hans Gál: Franz Schubert oder die
Melodie. Frankfurt a. M. 1970
Alice M. Hanson: Die zensurierte Muse.
Musikleben im Wiener Bieder-
meier. Wien usw. 1987
Rudolf Klein: Schubertstätten. Wien
1972
Erich Wolfgang Partsch (Hg.): Franz
Schubert? – der Fortschrittliche?
Analysen – Perspektiven – Fak-
ten. Tutzing 1989
Erich Valentin: Die schönsten Schubert-
briefe. München usw. 1975
Robert Waißenberger (Hg.): Bürgersinn
und Aufbegehren. Biedermeier
und Vormärz in Wien 1815–
1848. Wien 1988
Alexander Weinmann: Wiener Musik-
verleger und Musikalienhändler
von Mozarts Zeit bis gegen 1860.
Wien 1956

*Literatur zu einzelnen Werkgattungen;
Werkbesprechungen*

Lieder
Moritz Bauer: Die Lieder Franz Schu-
berts. Leipzig 1915
Marie Agnes Dittrich: Harmonik und
Sprachvertonung in Schuberts
Liedern (= Hamburger Beiträge
zur Musikwissenschaft 38),
Hamburg 1991
Walther Dürr: Das deutsche Sololied
im 19. Jahrhundert. Untersuchun-
gen zu Sprache und Musik. Wil-
helmshaven 1984
Arnold Feil: Franz Schubert. Die schöne
Müllerin. Winterreise. Stuttgart
1975
Dietrich Fischer-Dieskau: Auf den
Spuren der Schubert-Lieder.

Werden – Wesen – Wirkung.
Kassel/München 1976
Ders.: Franz Schubert und seine Lieder.
Frankfurt a. M./ Leipzig 1999
Thrasybulos G. Georgiades: Schubert.
Musik und Lyrik. Göttingen
1967
Jürgen Mainka: Das Liedschaffen Franz
Schuberts in den Jahren 1815 und
1816. Schuberts Auseinanderset-
zung mit der Liedtradition des
18. Jahrhunderts. Dissertation.
Berlin 1957
Paul Mies: Schubert, der Meister des
Liedes. Die Entwicklung von
Form und Inhalt im Schubert-
schen Lied. (= Max Hesses illus-
trierte Handbücher, Nr. 89),
Bern 1928
Sabine Näher: Das Schubert-Lied und
seine Interpreten. Stuttgart/
Weimar 1996
Gerald Moore: Schuberts Liederzyklen.
Gedanken zu ihrer Aufführung.
Tübingen 1975
Edith Schnapper: Die Gesänge des
jungen Schubert vor dem Durch-
bruch des romantischen Lied-
prinzips. Bern/Leipzig 1937
Erdmute Schwarmath: Musikalischer
Bau und Sprachvertonung in
Schuberts Liedern. Tutzing 1969

Bühnenwerke
George R. Cunningham: Franz Schubert
als Theaterkomponist. Disserta-
tion. Freiburg i. Br. 1974
Elizabeth Norman McKay: Franz
Schubert's music for the theatre.
Tutzing 1991
Christian Pollack (Hg.): Franz Schubert.
Bühnenwerke. Kritische Gesamt-
ausgabe der Texte. Tutzing 1988
Till Gerrit Waidelich: Franz Schubert.
»Alfonso und Estrella«. Eine
frühe durchkomponierte deut-
sche Oper – Geschichte und
Analyse. Tutzing 1991

Kirchenmusik
Werner Bodendorff: Schuberts
kleinere Kirchenwerke. Dissertation. Tübingen 1994
Walther Dürr: Dona nobis pacem. Gedanken zu Schuberts späten

Messen. In: Bachiana et alia Musicologica. Festschrift Alfred Dürr zum 65. Geburtstag. Hg. von Wolfgang Rehm, S. 62–74. Kassel usw. 1983

Karl Gustav Fellerer: Franz Schuberts Messen. In: Musica sacra 98 (1978), S 146–154

Hans Jaskulsky: Die lateinischen Messen Franz Schuberts. Mainz 1986

Alfred Schnerich: Der Messen-Typus von Haydn bis Schubert. Wien 1992

Robert Scott Stringham: The Masses of Franz Schubert. Dissertation. Cornell University. Ann Arbor 1964

Sinfonien

Peter Andraschke: Franz Schubert. Sinfonie Nr. 7 h-Moll, »Unvollendete«. Einführung und Analyse zur Taschenpartitur. Mainz 1982, S. 71–127

Klaus Bangerter: Schubert. Große Sinfonie in C-Dur. München 1993

Stefan Kunze: Franz Schubert. Sinfonie h-Moll. Unvollendete. München 1965

Ernst Laaff: Franz Schuberts Sinfonien. Wiesbaden 1933

Siegfried Oechsle: Symphonik nach Beethoven. Studien zu Schubert, Schumann, Mendelssohn und Gade. Kassel 1992

Walter Riezler: Schuberts Instrumentalmusik. Werkanalysen. Zürich 1967

Renate Ulm (Hg.): Franz Schuberts Symphonien. Entstehung, Deutung, Wirkung. Kassel usw. 2000 / München 2000

Hellmut Well: Frühwerk und Innovation. Studien zu den »Jugendsinfonien« Franz Schuberts. Kassel 1995

Kammermusik

Peter Gülke: Zum Bilde des späten Schubert. Vorwiegend analytische Bemerkungen zum Streichquintett op. 163. In: Musik-Konzepte, S. 107–166

Wulf Konold: Das Streichquartett. Von seinen Anfängen bis Franz Schubert. Wilhelmshaven 1980

Salome Reiser: Franz Schuberts frühe Streichquartette. Eine klassische Gattung am Beginn einer nachklassischen Zeit. Dissertation. Heidelberg 1995/ Kassel 1997

Hans Martin Sachse: Franz Schuberts Streichquartette. München 1958

Christian Strehk: Auf dem Weg zum Quintett: Studien zu Schuberts reifer Streichkammermusik. Dissertation. Kiel 2000

Jack Allen Westrup: Schubert's Chamber Music. London 1969

Klaviermusik

Arthur Godel: Schuberts letzte drei Klaviersonaten (D 958–960). Entstehungsgeschichte, Entwurf und Reinschrift, Werkanalyse. Dissertation. Baden-Baden 1985

Hans-Joachim Hinrichsen: Untersuchungen zur Entwicklung der Sonatenform in der Instrumentalmusik Franz Schuberts. Tutzing 1994

Dietrich Kämper: Die Klaviersonate nach Beethoven. Von Schubert bis Skrjabin. Darmstadt 1987

Andreas Krause: Schuberts Klaviersonaten. Bemerkungen zu Form, Gattung und Ästhetik. Kassel 1992

Walter Riezler: Schuberts Instrumentalmusik. Zürich 1967

Friedrich Saathen: Wandererfantasie. Ein Schubertbuch. Wien 1996

Peter Schleuning: Die freie Fantasie. Ein Beitrag zur Erforschung der klassischen Klaviermusik. Göppingen 1973

Tänze für Klavier

Walburga Litschauer/Walter Deutsch: Franz Schuberts Tänze und funktionale Tanzmusik seiner Zeit. Wien 1997

Dies./Walter Deutsch: Schubert und das Tanzvergnügen seiner Zeit. Wien 1997

Weitere Literatur zu Schuberts Werken siehe aktuelle Konzertführer ›Lied‹, ›Chormusik‹, ›Orchestermusik‹, ›Kammermusik‹, ›Klaviermusik‹ usw.

Werkverzeichnis (Auswahl)

*D = Otto Erich Deutsch, Franz Schubert.
Thematisches Verzeichnis seiner Werke in
chronologischer Folge. Neuausgabe in
deutscher Sprache bearbeitet von der Editionsleitung der Neuen Schubert-Ausgabe
und Werner Aderhold, Kassel etc. 1978;
Jahreszahlen geben das Jahr der Vollendung an*

I. Vokalmusik

A) Über 600 Lieder und (einstimmige)
Gesänge

B) Rund 130 mehrstimmige Gesänge

C) Bühnenwerke

Musikalisch vollständige Werke
Des Teufels Lustschloß (Kotzebue),
Zauberoper D 84, 1814
Der vierjährige Posten (Körner), Sing-
spiel D 190, 1815
Fernando (Stadler), Singspiel D 220,
1815
Die Freunde von Salamanka (Mayrho-
fer), Singspiel D 326, 1816
Die Zwillingsbrüder (G. v. Hofmann),
Singspiel D 647, 1819
Die Zauberharfe (G. v. Hofmann),
Zauberspiel D 644, 1820
Alfonso und Estrella (Schober), Oper
D 732, 1822
Fierrabras (J. Kupelwieser), Heroisch-
romantische Oper D 796, 1823
Rosamunde, Fürstin von Zypern (von
Chézy), Romantisches Schauspiel mit
Musik D 797, 1823

Musikalisch unvollständige Werke
Der Spiegelritter (Kotzebue), Singspiel
D 11, 1811
Claudine von Villa Bella (Goethe),
Singspiel D 239, 1815
Die Bürgschaft (unbekannt; nach Schil-
lers Ballade), Oper D 435, 1816
Adrast (Mayrhofer), Oper D 137, 1820
Lazarus oder die Feier der Auferste-
hung (A. H. Niemeyer), Szenisches
Oratorium D 689, 1820

Sakuntala (J. P. Neumann nach Kalida-
sas indischem Drama), Oper D 701, 1820
Die Verschworenen (Castelli, nach
Aristophanes), Singspiel D 787, 1823
*Hinzu kommen Einlagen und skizzierte
Bühnenwerke, darunter die Oper ›Der
Graf von Gleichen‹ (Bauernfeld) D 918,
begonnen 1827*

D) Kirchenmusik

6 Messen
F-Dur D 105, 1814
G-Dur D 167, 1815
B-Dur D 324, begonnen 1815
C-Dur D 452, 1816
As-Dur D 678, 1822
Es-Dur D 950, 1828
Deutsches Requiem in g-Moll D 621,
1818
Deutsche Messe in F-Dur D 872, 1827.

Weitere Kirchenmusikwerke, darunter
1 Magnifikat
2 Stabat mater (unvollständig)
7 Salve Regina
6 Tantum ergo
6 Antiphonen zum Palmsonntag
Hymnus an den Heiligen Geist
Einzelsätze der Messe, darunter 4 Kyrie, 1 Sanctus, 1 Graduale, mehrere
Offertorien u. a.
*Hinzu kommen nichtliturgische Werke so-
wie geistliche Lieder biblischen/religiösen
Inhalts*

II. Instrumentalmusik

A) Sinfonien
Nr. 1 D-Dur D 82, 1813
Nr. 2 B-Dur D 125, 1815
Nr. 3 D-Dur D 200, 1815
Nr. 4 c-Moll D 417, 1816
Nr. 5 B-Dur D 485, 1816
Nr. 6 C-Dur D 589, 1818
Nr. 7 h-Moll D 759, 1822
Nr. 8 C-Dur D 944, 1826
sowie Entwürfe zu:
Sinfonie D-Dur D 615, 1818
Sinfonie D-Dur D 708 A, 1821

Sinfonie E-Dur D 729, 1821
Sinfonie D-Dur D 936 A, 1828

B) Einzeln überlieferte Orchesterwerke
8 (?) Ouvertüren, darunter
Ouvertüre D-Dur »im italienischen
Stil« D 590, 1817
Ouvertüre C-Dur »im italienischen
Stil« D 591, 1817
Concerto in D-Dur für Violine und Or-
chester D 345, 1816
*Hinzu kommen 11 Ouvertüren zu Büh-
nenwerken sowie die Schauspielmusik zu
›Rosamunde‹ D 797, 1823*

C) Kammermusik

Werke für 2 Instrumente
3 Sonaten für Violine und Klavier,
1816
D-Dur D 384
a-Moll D 385
g-Moll D 408
Sonate für Violine und Klavier A-Dur
D 574, 1817
Sonate für Arpeggione und Klavier
a-Moll D 821, 1824
Rondo für Violine und Klavier h-Moll
D 895, 1826
Fantasie für Violine und Klavier C-
Dur D 934, 1827

Werke für 3 Instrumente
Streichtrio B-Dur D 581, 1817
Klaviertrio B-Dur D 898, 1827
Klaviertrio Es-Dur D 929, Ende
1827/Anfang 1828
KLaviertrio Es-Dur (Notturno) D 897,
1828(?)

Werke für 4 Instrumente
11 Streichquartette (zwischen 1810/11
und 1816)
Streichquartett c-Moll D 703 (Quartettsatz), 1820 (Fragment)
Streichquartett a-Moll D 804 (›Rosamunde‹), 1824
Streichquartett d-Moll D 810 (›Der Tod
und das Mädchen‹), 1824
Streichquartett G-Dur D 887, 1826

Werke für 5 Instrumente
Klavierquintett A-Dur (›Forellenquin-
tett‹) D 667, 1819(?)
Streichquintett C-Dur D 956, um 1828

Werke für 8 Instrumente
Oktett F-Dur für Streicher und Bläser
D 803, 1824

Werke für 9 Instrumente
Nonett es-Moll für Bläser D 79, 1813
Werke für verschiedene Besetzungen
Tänze für 2 Violinen (Violine/Klavier
?), für Streichquar-tett, für Bläser u. a.

D) Klaviermusik

22 Klaviersonaten, darunter 11 vollendet
a-Moll D 537, 1817
Es-Dur D 568, 1817(?)/1826–28(?)
As-Dur D 557, 1817
Des-Dur D 567, 1817
H-Dur D 575, 1817
a-Moll D 845, 1825
D-Dur D 850, 1825
G-Dur D 894, 1826
c-Moll D 958, 1828
A-Dur D 959, 1828
B-Dur D 960, 1828

11 Fragmente, darunter
C-Dur D 279, 1815 (ohne 4. Satz)
a-Moll D 784, 1823 (dreisätzig, ohne
Scherzo; möglicherweise abgeschlos-
sen)
C-Dur D 840, 1825 (›Reliquie-Sonate‹;
3. und 4. Satz Fragment)

Fantasien
Klavierstück C-Dur D 605, 1821/23 (?)
Fantasie C-Dur (›Wandererfantasie‹)
D 760, 1822

Impromtus
Vier Impromtus D 899, 1827
Vier Impromtus D 935, 1827
Drei Klavierstücke D 946, 1828(?)
Variationen und Einzelstücke
Zehn Variationen in F-Dur D 156,
1815
13 Variationen über ein Thema von
Anselm Hüttenbrenner in a-Moll
D 576, 1817
Rondo E-Dur D 506, 1817
Andante A-Dur D 604, 1816/17
Adagio E-Dur D 612, 1818
Ungarische Melodie h-Moll D 817,
1824
Moments Musicaux D 780, 1823–1828
Allegretto in c-Moll D 915, 1827

Klaviermusik zu vier Händen
Vier Polonaisen D 599, 1818
Six Grandes Marches D 819, 1818 oder
1824
Sonate in B-Dur D 617, 1818
Acht Variationen über ein französi-
sches Lied e-Moll D 624, 1818
Rondo D-Dur D 608, 1818
Acht Variationen über ein eigenes
Thema in As-Dur D 813, 1824
Sonate C-Dur (Grand Duo) D 812, 1824
Divertissement † l'hongroise g-Moll
D 818, 1824(?)
Sechs Polonaisen D 824, 1825
Divertissement sur des motifs origin-
aux francaix D 823, 1826/27 (?)

Fantasie in f-Moll D 940, 1828
Allegro in a-Moll D 947, 1828
Rondo in A-Dur D 951, 1828
Introduktion, vier Variationen über
ein Originalthema und Finale in B-Dur
D 968 A (Entstehungszeit fraglich)
dazu Märsche, Ouvertüren u. a.

E) Tänze und Märsche für Klavier
Rund 500 Tänze (zweihändig), die sowohl
handschriftlich als auch gedruckt über-
liefert sind, darunter Walzer, Deutsche,
Ländler, Ecossaisen, Galoppe, Menuette,
Trios u. a. – Hinzu kommen Märsche und
Polonaisen für Klavier zu vier Händen

Personenregister

Bildnachweis

Akademische Druck- und Verlagsanstalt, Graz 25 / AKG, Berlin 27 / APE, Overath 2, 5, 7, 8, 9, 10, 11, 15, 16, 21, 22, 28, 29, 36, 38, 40, 43, 45, 46, 47, 57 / Dagli-Orti, Paris 55 / Direktion der Museen der Stadt Wien 37 / Gesellschaft der Musikfreunde, Wien 1, 26, 32, 44, 51 / Historisches Museum der Stadt Wien 4, 6, 18, 19, 24, 31, 39, 48 / Kestner-Museum, Hannover 14 / Lambda Pressphoto, Budapest 42 / Schubert-Museum, Wien 20 / Wiener Schubertbund 30 / Wiener Stadt- und Landesbibliothek, Handschriftensammlung 13

dtv portrait

Herausgegeben von Martin Sulzer-Reichel
Originalausgaben

**Biographien bedeutender Frauen und Männer aus
Geschichte, Literatur, Philosophie, Kunst und Musik**

Victor Hugo. Von Jörg W. Rademacher. dtv 31055
Jesus von Nazaret. Von Dorothee Sölle und Luise Schottroff. dtv 31026
Janis Joplin. Von Ingeborg Schober. dtv 31065
Erich Kästner. Von Isa Schikorsky. dtv 31011
Franz Kafka. Von Detlev Arens. dtv 31047
Immanuel Kant. Von Wolfgang Schlüter. dtv 31014
Heinrich von Kleist. Von Peter Staengle. dtv 31009
John Lennon. Von Corinne Ullrich. dtv 31036
Ludwig II. Von Martha Schad. dtv 31033
Stéphane Mallarmé. Von Hans Therre. dtv 31007
Klaus Mann. Von Armin Strohmeyr. dtv 31031
Maria Theresia. Von Edwin Dillmann. dtv 31028
Karl May. Von Klaus Walther. dtv 31056
Jim Morrison. Von Ingeborg Schober. dtv 31049
Nostradamus. Von Frank Rainer Scheck. dtv 31024
Novalis. Von Windfried Freund. dtv 31043
Pablo Picasso. Von Hajo Düchting. dtv 31048
Edgar Allan Poe. Von Frank T. Zumbach. dtv 31017
Karl Popper. Von Martin Morgenstern und Robert Zimmer. dtv 31060
Marcel Proust. Von Fritz R. Glunk. dtv 31064
Rainer Maria Rilke. Von Stefan Schank. dtv 31005
Jean-Jacques Rousseau. Von Jens-Peter Gaul. dtv 31050
Arnold Schönberg. Von Matthias Henke. dtv 31046
Sokarates. Von Eva-Maria Kaufmann. dtv 31027
John Steinbeck. Von Annette Pehnt. dtv 31010
August Strindberg. Von Rüdiger Bernhardt. dtv 31013
George Tabori. Von Anat Feinberg. dtv 31067
Giuseppe Verdi. Von Johannes Jansen. dtv 31042
Oscar Wilde. Von Jörg W. Rademacher. dtv 31038
Frank Zappa. Von Carl-Ludwig Reichert. dtv 31039